CONTESTATIONS ISLAMISÉES

Le Sénégal entre diplomatie d'influence et islam politique

Bakary SAMBE

CONTESTATIONS ISLAMISÉES

Le Sénégal entre diplomatie d'influence et islam politique

Dépôt légal – 4ᵉ trimestre 2018

Direction générale du patrimoine publié.
Bibliothèque et Archives Canada / Gouvernement du Canada
Bibliothèque et Archives nationales du Québec, 2018.

Photo couverture : Mosquée de la Divinité. © by Ixtla at
https://www.flickr.com/photos/16961805@N00/245293491

© Éditions AFRIKANA, 2018
Montréal, Québec
CANADA

ISBN : 978-2-924928-03-5

À ma chère épouse, Fatou Kiné Sambe dont l'amour et le soutien m'inspirent. À mes enfants Anta et Seydina qui m'ont, aussi, toujours soutenu avec leur présence sans se plaindre de mes absences. À la mémoire de mon regretté fils, Pape Cheikh Sambe qui n'a pas pu voir ce livre, parti trop tôt, comme son homonyme, mon cher Papa, El Hadji Cheikh Samb.

À ma mère ! À ma soeur et amie Mariama Diop (kenn du mer).

À mon cher ami et Professeur Mohamed-Chérif Ferjani et tous les militants des causes justes au Sénégal, en Afrique et dans le monde. À Claudette et Suzon. À Fatou Sarr Sow pour son combat intellectuel en faveur du progrès et de la condition féminine. À tous les défenseurs convaincus des droits humains sur les pas de l'infatigable Alioune Tine, une fierté de l'Afrique contemporaine, à mes amis et frères Ousseynou Nakoulima, Malick Guèye, Xavier Michel. À mes amis Alioune Sall et Thioro, Pape Mass, Mohamed Selmaoui, Mikaël Garandeau, Jean Spinozi, Samba Katy Mboup, Alioune Ndiaye, Tahir Diagne, Mbaye Diouf. À mes amis Alioune Ndiaye et Khadim Ndiaye de Montréal, à Sébastien Tavan, Vincent Leclerc et Marjolaine. À Mourtala Samb, l'authentique instituteur au service de la République. À mes professeurs Abdou Faye et Son Excellence Gorgui Ciss, Ambassadeur du Sénégal au Japon. À mon oncle Colonel-Major Djibo Soumana du Niger. À mon frère, Lamine Adji Awa Samb. À Mustapha et Izhar Fettah, Ndongo Mbaye, Yague Samb, Habib Thiam, Cheikh Tidiane Samb, la famille Martin de Lagarde Adhémar.

À tous mes collègues et collaborateurs de Timbuktu Institute-African Center for Peace Studies et du Centre d'étude des religions (CER) et de l'UFR CRAC à l'Université Gaston Berger. À Serigne Abdoul Aziz Mbacké Majalis et Serigne Cheikh Tidiane Sy Al-Amine.

À la mémoire de Serigne Abdoul Aziz Sy Al-Amine et de Serigne Cheikh Sidy Mokhtar Mbacké, chantres de l'Unité et de la concorde. À la mémoire de l'Ambassadeur El Hadji Moustapha Cissé de Pire, un père, un ami et inspirateur. En hommage à mon oncle Sidy Ahmed Mboup qui m'a toujours encouragé et motivé.

Aux regrettés Cheikh Tidiane Gaye de Louga, brillant inspecteur de l'enseignement ainsi qu'à Oustaz Lamine Diouf de Tivaouane. À Michèle Chebbah, Michel Ogier, mon frère Fatah Sall.

Hommage à Serigne Cheikh Ahmed Tidiane Sy Al-Maktoum qui a ouvert un vaste champ de réflexion sur lequel la postérité à le devoir de se pencher pour la perpétuation de son œuvre de réforme et de progrès.

PRÉFACE

Professeur Mohamed-Chérif FERJANI[1]

C'est un honneur et un motif de grande fierté de préfacer ce nouvel ouvrage de mon ancien étudiant, devenu l'un des plus éminents spécialistes de l'islam de l'Afrique subsaharienne que le *New African Magazine* a classé en 2016, parmi les 50 intellectuels qui « font bouger » leur continent. Il fait partie d'une jeune génération de chercheur(e)s dont j'ai eu l'honneur de diriger ou accompagner les premiers pas et à qui je suis fier d'avoir passé le relais. Je pense particulièrement à Haoues Séniguer, Camilla Cuomo, Elshan Mustafayev, Iman Hajji, Mana Oskouie, Mustapha Chérif Bassiouni, Mounia Aït Kabboura, parmi celles et ceux dont j'ai dirigé les thèses, mais aussi à Raouda El Guedri, Itidel Fadhloun, Khaoula Matri et bien d'autres. Ils s'affirment dans divers

---

[1] Professeur émérite de Science Politique, d'islamologie et de civilisation arabe à l'Université Lumière Lyon2. Directeur du pôle recherche-action « Religions, Démocratie et Paix » au Timbuktu Institute. Membre du Board of Trustees de Timbuktu Institute-African Center for Peace Studies. Auteur de travaux concernant les rapports entre le politique et le religieux dans les mondes de l'islam, la laïcité, les droits humains, les questions de transition, la gestion de la diversité, l'enseignement relatif au faits religieux, etc., dont *Pour en finir avec l'exception islamique*, Editions Nirvana, Tunis 2017, *Al-'almana wa'l-'almâniyya fi'l-fadhâ'ât al-islâmiyya (Sécularisation et laïcité dans les espaces musulmans)*, Dâr al-Tanweer, Beyrouth-Le Caire-Tunis, 2017, *Religion et démocratisation en Méditerranée*, Editions Riveneuve, Paris 2015/ Nirvana, Tunis 2016, *Le politique et le religieux dans le champ islamique*, Fayard, Paris 2005, *Islamisme, Laïcité et droits humains*, Amal Editions, Tunis, 2011 (réédition actualisée d'Islamisme, laïcité et droits de l'Homme, l'Hamattan, Paris, 1991), *Les voies de l'Islam, approche laïque des faits islamiques*, CRDP de Franche-Comté/Le Cerf, Besançon/paris, 1996, *Prison et liberté*, Mots Passants, Tunis, 2015.

domaines de la recherche avec une nette volonté d'ouvrir de nouveaux horizons au décloisonnement des champs disciplinaires en collaborant les un(e)s avec les autres, sans passer toujours par moi.

Lire le manuscrit du présent ouvrage de Bakary Sambe concernant *l'islamisation de la contestation* (à travers l'exemple du *Sénégal entre diplomatie d'influence et islam politique*), après avoir préfacé son premier livre (*Islam et diplomatie : la politique africaine du Maroc*, aux Éditions Phoenix, 2011) est l'occasion, pour le Professeur émérite et collaborateur que je suis au *Timbuktu Institute* qu'il a fondé et qu'il dirige, de revenir sur le parcours que j'accompagne depuis près de trente ans, pour saluer sa contribution aux efforts consacrés par une nouvelle génération de chercheur (e)s animé(e)s par la volonté de sortir l'islam subsaharien de sa marginalité dans les études relatives à la deuxième religion du monde. Les recherches islamologiques ont, en effet, longtemps ignoré l'islam de l'Afrique noire faisant montre d'une négligence à l'égard de cette partie des mondes de l'islam considérée, à tort, comme sans importance pour la compréhension de l'évolution générale de la deuxième religion de notre planète. L'Université Lumière Lyon2, où Bakary Sambe a accompli l'essentiel de ses études supérieures et préparé sa thèse, sous ma direction, était plus tournée vers l'Orient arabe et l'Afrique du Nord en privilégiant les études arabes (linguistique, littérature et islamologie), l'histoire, la géographie et, dans une moindre importance, l'anthropologie.

Il y a près de trente ans, alors que j'appelais à une prise en compte de la diversité des réalités islamiques, au-delà des lectures globalisantes ou culturalistes, mon chemin croisa celui d'un jeune étudiant sénégalais qui préparait une licence d'études arabes et suivait avec une attention remarquée mon cours d'islamologie. Je cultivais déjà un grand intérêt pour la prise en compte de la pluralité et de la diversité de l'islam dans le cadre d'une approche laïque des faits religieux, et j'étais alors l'un des rares à m'intéresser, sous l'influence de Mohamed Arkoun, aux expressions marginalisées par les recherches privilégiant les orthodoxies imposées par la solidarité entre le pouvoir et les théologiens imposés depuis des siècles, par cette même solidarité. Le terrain choisi par Bakary Sambe rejoignait cet intérêt et représentait pour moi une sortie des chemins battus des aires géographiques correspondant aux priorités des spécialistes des questions islamiques dans la plupart des universités en France sous l'emprise de la passion pour l'Orient et son extension nord-africaine.

L'auteur de ce livre rappelle que son choix de l'Université Lumière-Lyon 2 pour y préparer sa thèse était guidé par le désir de s'affranchir des paradigmes dominants dans les grands centres africanistes, ainsi que par le souci de ne pas tomber dans la reproduction de schémas d'analyses qui avaient fait leur temps.

L'encadrement de tous ses travaux universitaires, de la maîtrise au doctorat en passant par le DEA (Diplôme d'Études Approfondies, ancêtre du Master), dont le mémoire a porté sur la *politisation de formes de religiosités apolitiques*, a été pour moi, une belle opportunité d'évaluer la pertinence et l'universalité de certaines catégories de l'étude des faits religieux à travers leur confrontation à la diversité des contextes et des situations faisant l'objet de recherches comme celles de Bakary Sambe.

Outre les nombreuses contributions et publications que ce livre vient enrichir, la plus importante retombée scientifique de cette rencontre est l'affirmation de la pensée de l'auteur de ce livre et la place qu'elle prend en Afrique et au sein des structures de recherches sur l'islam. Pour rendre compte des motivations à l'origine de notre rencontre, je préfère le citer en rapportant ce qu'il me confia des années après sa brillante soutenance de thèse, la première réalisée sous ma direction : « *J'ai délibérément choisi de faire ma thèse avec un Professeur, certes non spécialiste de l'Afrique subsaharienne, mais dont la rigueur méthodologique et scientifique sera une garantie pour la production d'une recherche sérieuse et, de surcroît, affranchie des paradigmes institués et demeurés longtemps hors de tout questionnement.* » Je me souviens encore de ce qu'il a dit, le jour de la fête qu'était sa soutenance, en me remerciant de lui avoir appris à parler de sa religion de l'extérieur ; c'était l'un des compliments qui m'ont le plus touché.

La soutenance de la thèse de Bakary Sambe sur *L'islam dans les relations arabo-africaines,* avec un jury dont les membres étaient les Professeurs Katia Zakharia, Olivier Roy, Paul Bacot, Lahouari Addi, Jean-Yves l'Hôpital et moi-même, a été un moment très riche de dialogue interdisciplinaire entre spécialistes des études arabes, sociologues, islamologues et politologues. Ce moment, d'une intense émotion dont je me souviens encore, reste déterminant quant à l'orientation des travaux et publications de Bakary Sambe. Son itinéraire académique mixte – études arabes, islamologie et science politique –lui a permis de jeter un regard différent sur les questions abordées dans cet ouvrage. La valeur ajoutée de la recherche produite par l'auteur doit énormément à sa capacité de naviguer entre les sources disponibles dans les trois langues qu'il maîtrise : l'arabe, le français et l'anglais, en plus des parlers de son terrain qu'est le Sahel africain ; cela lui permet de croiser les regards de ces différentes sources et d'en tirer profit pour élargir le sien. À relire de près ses travaux, on se rend compte qu'il n'y a pas que son itinéraire académique d'arabisant et de politologue qui aura été mixte, mais, tout autant, sa démarche combinant les méthodologies en sciences sociales et une nette volonté d'agir sur le réel qui n'est pas, pour lui, qu'un objet de recherche. Je n'étais pas surpris de le voir fonder le *Timbuktu Institute,* un *think tank* africain, qui en plus de la recherche, vise à influencer et à orienter les décisions et les politiques publiques dans des domaines aujourd'hui essentiels pour l'avenir du continent.

Le courage scientifique de se démarquer des « écoles instituées » et des « paradigmes dominants », comme il aime à le dire, est à l'origine des « risques » que prit très tôt Bakary Sambe, en dehors de tout formalisme carriériste. Il a dû, d'emblée, en payer le prix, en France, surtout lorsqu'il fut soumis à l'appréciation de ceux qui ne pouvaient admettre un tel état d'esprit hors des « grilles », notamment culturalistes, dont ils ont du mal à sortir. Je me souviens encore des discussions houleuses au sujet de l'approche des faits internationaux abordés sous l'angle des exigences de la politique « interne », dans un contexte dominé depuis de longues années par les paradigmes de l'école réaliste ; on était loin d'imaginer l'avènement des diplomaties d'influences à la faveur des théories de Joseph Nyeau sujet du « soft power » et des acteurs non étatiques.

Le va-et-vient entre l'approche sociologique et les ressources que fournissent les différentes théories des relations internationales, est encore bien perceptible dans le style de Bakary Sambe. Il devient même structurant dans la formulation de ses idées comme de ses hypothèses. Comme il le rappelle, à juste titre, dans la conclusion de cet ouvrage, « *les mutations internes du champ ne sont pas dissociables des nouveaux défis de la transnationalité qui affecte même les acteurs d'un islam politique en quête de repères, d'espace et de temps. Seule la prise en considération de ces nouveaux faits permettrait de saisir nombre des aspects d'une évolution qu'on a longtemps voulu enfermer dans une opposition entre confréries et mouvements réformistes* ».

Critiquant la vision binaire du champ islamique sénégalais, « entretenue par certains africanistes », ce livre offre l'opportunité scientifique de réinterroger des paradigmes et des grilles de lectures qui éprouvent des difficultés à intégrer la capacité des acteurs à se mouvoir dans un champ dynamique qu'on croyait, conceptuellement, figé dans des cadres statiques. Dans cette optique Bakary Sambe s'arrête, entre autres, sur l'usage de catégories, jamais définies, qui ont guidé le choix d'une classification binaire des acteurs entre « confréries » et « mouvements réformistes ». Bakary Sambe signale, à raison, que « *la définition de ce dernier terme n'a jamais été la préoccupation scientifique de ceux qui l'utilisent hors contexte et sans saisir toutes les contradictions d'un tel courant* ».

L'auteur invite, à travers cette contribution, à revisiter les itinéraires des acteurs et à reconsidérer les schémas d'analyse de leurs parcours et des relations qu'ils entretiennent entre eux et avec leur environnement. Comme il le soutient dans la conclusion de ce livre, c'est là une nécessité d'autant plus urgente que « *depuis les tentatives du Mouvement Ibâdou Rahmane à la fin des années 70 jusqu'à l'émergence de nouveaux leaders misant sur les itinéraires brouillés d'un militantisme islamique avoisinant une forme de taqiyya politique, il y a un ensemble de facteurs dont la compréhension aurait nécessité, de la part des spécialistes, une sortie des sentiers battus vers une démarche incluant la veille continue au-delà de l'observation strictement sociologique ; photographie approximative d'un instant et d'un discours dans le temps* ».

Cet ouvrage, bien documenté et très critique, vient reposer le débat au sujet de la reproduction des paradigmes, et de la nécessité de leur renouvellement, sur la base des enseignements du terrain qui doivent nourrir et inspirer, continuellement, les efforts en ce sens. L'ancien professeur, et actuel collègue et ami, reconnait encore, dans cette vigilance constante, les marques du travail de terrain conduit dans plusieurs pays au début des années 2000 ainsi que l'apport des entretiens conduits avec les acteurs. Déjà, son essai, *Islam et diplomatie, la politique africaine du Maroc*, publié en 2010, et dont l'actualité impose une réédition, est riche en enseignements, nous le réalisons de manière rétrospective, sur les développements actuels et les stratégies diplomatiques sur la scène africaine. Avec ce nouveau livre à la démarche novatrice, alliant approche sociologique, veille stratégique et prospective, qu'il juge complémentaire avec la stricte observation, Bakary Sambe revient sur l'étude des relations arabo-africaines sous l'angle de son incidence sur le développement et l'évolution de l'islam politique au Sénégal.

Dans un style parfois ironique, mais avec un certain réalisme, Bakary Sambe a pu montrer comment, depuis les indépendances, les inconséquences des choix politiques ont fini par mener à des situations politiques inextricables qui n'offrent que le tâtonnement et les difficiles compromis, voire les compromissions, comme mode de règlement conjoncturel de questions aussi sérieuses que l'avenir du système éducatif ou la gestion du culte. C'est certainement dans ce sens que l'auteur parle, avec insistance, d'une « *intangibilité des incohérences héritées de la colonisation* ».

Ce nouveau livre de Bakary Sambe apporte des éléments nouveaux dans l'analyse de ce *linkage*, selon le terme de J. Rosenau, entre politique étrangère et préoccupations intérieures, mais aussi, au sujet des imbrications entre les champs du politique et du religieux. Sur ce point et tant d'autres, le présent ouvrage est une mine d'informations pour la compréhension de l'histoire du militantisme islamique au Sénégal et en Afrique de l'Ouest, des effets de la dualité du système éducatif, des stratégies d'implantation idéologique, de la diplomatie dite d'influence développée par les pays du Golfe, etc. On y lit aisément les contradictions des politiques étatiques ainsi que la conflictualité latente entre les courants et mouvances dans le cadre de ce que Bakary Sambe appelle, « *un choc des modèles religieux* ».

En ce moment où le Sahel et l'Afrique subsaharienne sont, comme jamais auparavant, au cœur des préoccupations géopolitiques, dans un contexte où l'on voit s'y dérouler une compétition ardue pour le contrôle des ressources naturelles et symboliques, sur fond d'une guerre de positionnement entre grandes puissances du Nord et puissances émergentes du Moyen-Orient, ce livre arrive à point nommé pour nous donner les outils nécessaires à la compréhension de ces différents enjeux et des évolutions en cours.

Certes, Bakary Sambe se focalise, dans le présent ouvrage, sur le cas sénégalais ; cependant, le terrain choisi présente l'intérêt de refléter ce qui se passe dans des situations similaires de la sous-région du Sahel africain. La situation sécuritaire tendue, la montée des extrémismes et des périls liés au terrorisme transnational, imposent aux États « laïques » de la région et d'ailleurs, une gestion du religieux à laquelle ils ne s'étaient pas assez, ou pas du tout, préparés. L'ouvrage nous offre une analyse concrète des dynamiques à l'œuvre dans les rangs des composantes de l'islam au Sénégal, mais aussi des relations complexes entre les confréries, ce qu'on appelle pêle-mêle, et sans définition précise, « les mouvements réformistes ». Il s'arrête, aussi, sur les différentes ramifications de l'islam politique - plus ou moins proches des Frères musulmans -, et la nébuleuse « salafiste » avec ses différentes expressions oscillant entre le jihadisme le plus violent et le quiétisme, des frontières poreuses entre ces composantes en compétition pour capter les pétrodollars de la Presqu'île arabique, les financements et le soutien de tel ou tel pays musulman, pour peser sur l'orientation des politiques publiques et de la diplomatie, etc. Les responsables politiques, comme les acteurs non étatiques, ainsi que les différentes expressions de la société civile, trouveront dans cette contribution d'un spécialiste incontesté, une vision régionale des défis qu'ils doivent relever. Cette contribution appelle des efforts pour l'extension de son champ d'étude à d'autres terrains, ne serait-ce que pour l'intérêt d'une approche comparative. Elle confirme la place qu'occupe déjà Bakary Sambe dans la recherche concernant l'islam en général, et l'islam en Afrique noire en particulier. Elle montre aussi la nécessité d'ouvrir le travail académique à la prise en compte des problèmes sociopolitiques et des défis majeurs à relever dans cette partie du monde et ailleurs.

Fait entre Sainte Consorce (France) et Hammamet (Tunisie), en août 2018

INTRODUCTION

L'islam au Sénégal est connu pour être à dominante confrérique soufie. Cette religion qui s'est implantée depuis le Moyen-Âge est aujourd'hui celle de 95 % de Sénégalais. Son expansion a été généralement pacifique malgré quelques périodes dites de « guerre sainte » menée par des marabouts ou d'autres figures religieuses à la fin du 19ème siècle. L'islamisation du pays s'est effectuée en plusieurs étapes et a suivi différentes voies selon les contextes et circonstances historiques.

Toutefois, l'influence continue des confréries soufies telles que la Qâdiriyya, la Tijâniyya, la Murîdiyya (Mourides) et les Laayènes est une des spécificités de l'islam sénégalais dont le modèle est souvent présenté comme une exception dans les pays du Sahel et au-delà.

Il est vrai que le caractère relativement pacifique de l'islam au Sénégal pourrait se comprendre par l'analyse des conditions historiques et sociales dans lesquelles cette religion s'est propagée.

Les confréries qui marquent l'espace religieux sénégalais se subdivisent en deux catégories : celles exogènes (Qâdiriyya et Tijâniyya) et d'autres endogènes (Murîdiyya et Laayènes).

À côté d'elles, ont émergé d'autres mouvements dits réformistes actifs dans la prédication d'un islam plus ou moins politique dans le sens d'une contestation de l'Etat et proche des courants islamistes mondiaux : Frères musulmans, salafisme wahhabite etc. Les confréries aussi ne sont pas en dehors du jeu politique et interagissent avec l'État selon des positions variées et selon les circonstances.

L'implantation de l'islam dans le pays se conçoit dans le cadre général de l'histoire de l'islamisation de l'Afrique subsaharienne, un long processus historique dans lequel guerres et razzias ont joué différents rôles lorsqu'elles venaient troubler le déroulement du « commerce silencieux »[2] dont parlait Hérodote.

Contrairement à ce que laisse présager une certaine version européenne de l'histoire de l'Afrique, les peuples du Sud du Sahara sont entrés, très tôt, en contact avec ceux du Maghreb par le commerce transsaharien. La négligence ou une relative ignorance des sources arabes pourrait expliquer ce biais dans la lecture de l'histoire du continent.

Il serait nécessaire, alors, de procéder à une ré-étude du processus d'islamisation en relation avec les développements historiques ayant marqué l'Afrique occidentale, surtout dans ses rapports avec la rive nord du Sahara. Ces efforts de relecture devraient être complétés par une analyse du rôle incontournable des confréries dans le profond ancrage de l'islam au Sénégal ainsi que leur place parmi les facteurs considérés comme « stabilisants » de la société sénégalaise.

Étant le continuum géographique et socioculturel des pays du Maghreb, se situant juste au Sud de la Mauritanie et du Sahara, les récents bouleversements qui ont secoué le monde arabe, avec la montée de l'islam politique, ne peuvent épargner le Sénégal au point où l'on s'interroge, aujourd'hui, sur l'issue de cette confrontation, déjà en cours, entre un islam « local » et les courants radicaux transnationaux qui sévissent dans le Sahel.

Islam, expansion et ancrage sociohistorique

De par l'histoire, il y a eu, très tôt, des échanges, très importants pour leur époque, entre les deux rives du Sahara. Ils portaient essentiellement sur l'or[3], le sel, la gomme « arabique » et

---

[2] Hérodote utilisait cette expression pour désigner le commerce transsaharien qui se pratiquait entre les deux rives du Sahara depuis le moyen âge.

[3] Les empires africains médiévaux étaient célèbres pour leur richesse en or. Cette richesse légendaire était en fait la cible de toutes les convoitises. La tradition orale raconte que le Roi du Mali, Mansa ou Kankan Musa, sur la route du pèlerinage à la Mecque fit tellement de cadeaux en or en Égypte que le cours du métal jaune s'effondra pendant plusieurs années

…les esclaves. C'est, aux alentours de 1061/1062 que le chef des Almoravides Abû Bakr B. Omar déclenchera une « guerre sainte » en direction du sud du Sahara alors symbolisé par les célèbres empires noirs dont faisait partie intégrante l'actuel territoire du Sénégal.

Ces premiers contacts se déroulèrent autour du bassin du fleuve Sénégal, limite historique, mais aussi jonction entre le *bilâd as-Sûdân*[4] et le Maghreb.

Pendant plusieurs siècles, des guerres et des alliances marquèrent l'histoire de cette région du fleuve Sénégal, notamment, le célèbre royaume du Tékrour[5], peuplé essentiellement de Peuls, parmi les premiers adeptes de l'islam en Afrique. À titre d'exemple, les sultans marocains ainsi que les chefs de guerre Almoravides de 'Uqbat Ibn Nâfi' à 'Abdullah B. Yâsîn tenteront de s'emparer du bassin du fleuve Sénégal.

Le caractère symbolique de cette région sera reflété par la multitude des récits parfois contradictoires et l'intérêt qu'elle suscitera auprès de tous les conquérants arabes et plus tard français.

Les premiers y construiront la première mosquée du pays et les seconds la « mère des églises » ouest-africaines dans la même ville rebaptisée Saint-Louis du Sénégal.

La couverture historique de la région ne se perfectionnera, à la faveur d'une aventure « djihadiste », qu'aux alentours du XVIème siècle lorsque, galvanisé par sa victoire à la bataille des Trois Rois, plus connu sous le nom de celle de Wâd al-Makhâzin, contre le roi portugais Don Sébastien, le sultan marocain Saadien, Mansûr al-

---

[4] Pays des Noirs en arabe, expression utilisée dans les chroniques arabes pour décrire l'Afrique subsaharienne.
[5] Voir à ce propos le remarquable travail de Bahija Chadli de l'Université Aïn Chock (Casablanca) en éditant l'ouvrage de Bello « *Infâq al-maysûr fî târikh bilâd takrûr* ». Publications de l'Institut d'Etudes Africaines de Rabat. Université Mohammed V.

Dhahabî, obsédé par l'or du *bilâd as-Sûdân*[6], multiplia conquêtes et razzias.

Ces guerres contre le célèbre empire Songhaï, suscitent encore des débats houleux quant à leur portée purement religieuse d'autant plus que ces régions connaissaient déjà l'islam par le biais du commerce, des caravanes, et surtout du soufisme qui empruntera, très tôt, les routes du désert. Pour dire que finalement, il n'y a rien de nouveau sous le soleil ; la religion a toujours servi d'alibi à toutes les formes d'aventures, politique comme guerrières !

Cependant, contrairement à ce que laisse aussi croire une certaine historiographie arabe, ces entreprises djihadistes n'ont jamais pu faire de l'islam la réalité sociale qu'elle est aujourd'hui.

C'est grâce aux confréries religieuses (*turuq çûfiya*) que l'islamisation de l'Ouest africain connaîtra toute son ampleur plus que par les activités guerrières pour lesquelles la religion ou sa propagation ne furent qu'un objectif secondaire.

L'hypothèse d'une islamisation massive de l'Afrique par le sabre des conquérants arabes ne fait donc que s'affaiblir devant de plus en plus d'évidences historiques telles que le caractère élitiste de l'islam à ses débuts, en terre africaine. La vraie propagation de l'islam au sens d'une vulgarisation, s'est réalisée relativement plus tard.

Ca Da Mosto, voyageur portugais qui sillonna cette région de 1455 à 1457, faisait mention de la présence de quelques lettrés arabes dans la cour du roi du Djolof[7], enseignant l'islam aux princes et aux membres de la cour[8]. Au-delà de son caractère singulier, le fait s'inscrit dans cette idée directrice selon laquelle l'islam, propagé dans cette région à l'aube du XVème siècle, n'avait encore

---

[6] Pays des Noirs dans les chroniques arabes médiévales.
[7] Nom d'un royaume du Sénégal précolonial situé au Centre ouest du pays. Il aurait donné son nom à l'ethnie et à la langue majoritaire, les Wolofs.
[8] Sur l'histoire intellectuelle islamique en Afrique de l'Ouest, nous renvoyons à Ousmane Oumar Kane, *Au-delà de Tombouctou : Érudition islamique et histoire intellectuelle en Afrique Occidentale*, Dakar, CERDIS/CODESRIA, 2017.

de réceptacle que parmi les couches privilégiées, aristocratiques et lettrées des sociétés africaines ; ce qui explique en partie, encore aujourd'hui, son caractère très hiérarchisé avec ses marabouts adulés de leurs disciples.

Il est évident que ce ne sont ni les conquêtes Almoravides ou des sultans marocains, ni la présence et l'action de ces lettrés arabes au message plutôt tourné vers l'élite politico-sociale, qui, à elles seules, firent de l'islam la religion des 94 à 95 % des Sénégalais, pour ce qui est de ce pays, plus précisément.

Les confréries : entre islamisation en profondeur et « adaptation » de l'islam

Au-delà des conquêtes, il s'est opéré une islamisation en profondeur, qui a ancré cette religion monothéiste venue de la Péninsule arabique dans des sociétés où elle s'est progressivement substituée à celles des « ancêtres » et parfois, seulement, en apparence.

Loin de cautionner un concept aux relents colonialistes, perpétué et reproduit par certains chercheurs africains, il faut admettre que c'est dans ce fait fondateur qu'il faudra chercher l'origine des spécificités qui font le substrat de l'islam dit « noir »[9] entendu comme l'expression propre aux noirs africains de vivre et de pratiquer la religion du Prophète.

Les confréries joueront un rôle déterminant dans cette islamisation, profitant du terrain balisé – quelques fois malgré lui – par le colonialisme français. Par le rejet d'une domination coloniale dans sa dimension culturelle, les Sénégalais ont eu recours à l'adoption du dogme islamique en ce qu'il était en même temps une

---

[9] Voir notamment les travaux de Vincent Monteil, *L'Islam Noir, une religion à la conquête de l'Afrique,* Paris, Seuil, 1964. En ce qui nous concerne, nous nous sommes démarqué de ce concept aux relents parfois colonialistes. Voir Bakary Sambe, *Pour une approche critique du concept d'islam noir,* https://oumma.com/pour-une-approche-critique-du-concept-d-islam-noir/.

auto-aliénation, une domination incorporée opposable à la volonté d'assimilation de l'indigène, alors, au cœur du projet colonial.

C'est dans ce fait paradoxal que se trouverait, entre autres, l'explication des spécificités souvent évoquées de l'islam au Sénégal tiraillé entre un nationalisme construisant ses héros et revendiquant, en même temps, l'histoire religieuse comme patrimoine fondateur.

Entrées au Sénégal par le biais du commerce et des voyageurs, les confréries ont joué un rôle moteur dans l'islamisation du pays grâce, d'une part, à leur caractère pacifique[10] et, de l'autre, en ce qu'elles s'adaptent mieux aux modes de fonctionnement propres aux sociétés africaines.

Deux confréries entreront très tôt au Sénégal par les routes du commerce et du pèlerinage : la Qâdiriyya et, plus tard, la Tijâniyya. Ce vent du soufisme qui souffla longtemps et largement diffusé par les « marabouts de la savane » ne sera pas sans traces. Il façonnera, à jamais, la vision de l'islam au Sénégal. Mieux, le système confrérique, épousant les contours de la société locale, prospérera et finira par se substituer, sans heurts, à bien de ses valeurs traditionnelles.

L'appartenance et la forte identification au groupe social est un trait anthropologique marquant des sociétés africaines. Avec ses modes d'allégeance et de solidarités intra-communautaires, le système confrérique, servira de modèle au point que deux autres confréries, cette fois-ci, locales, endogènes, vont prendre naissance. Il s'agit de la Murîdiyya[11] et de la confrérie des lâayènes « Ilâhiyyîn[12] ». Cette dernière ajoutera à sa spécificité locale, une obédience ethnico-régionale, à ses débuts, regroupant des fidèles

---

[10] Soulignons tout de même que la phase confrérique a connu beaucoup de violence à ses débuts au Sénégal.

[11] Murîdiyya : Cette confrérie est fondée par cheikh Ahmadou Bamba. Elle est aujourd'hui l'une des plus populaires du pays grâce à sa grande diaspora, en Europe et aux Etats-Unis qui lui assure une véritable indépendance financière.

[12] Les « Gens de Dieu » en arabe.

appartenant, majoritairement, à l'ethnie Lébou, pêcheurs de la région de Dakar.

Les confréries et les marabouts doivent leur succès au rôle qu'ils ont joué en comblant le vide sociopolitique consécutif à la destruction des anciennes entités sociales et politiques par l'Administration coloniale française.

Ce rôle leur confère une dimension populaire et leurs chefs sont reconnus comme des « apôtres de l'islam » ou encore des héros nationaux. La complexité des rapports entre politique et religion au Sénégal est d'ailleurs que les figures religieuses se confondent avec les héros nationaux.

Aujourd'hui près de 95% des musulmans sénégalais appartiennent à des confréries qui ont toutes en commun le message soufi auquel il faudra ajouter une bonne dose d'adaptation sociologique.

Peut-être, serait-il nécessaire de rappeler que cette islamisation en profondeur coïncide, étrangement, avec l'intrusion coloniale française au Sénégal. Il s'est, ainsi, opéré un phénomène complexe qui mérite une profonde analyse, tellement il devient difficile de comprendre la dimension populaire voire quelques fois politique, de cet islam en l'omettant ou en le confondant à d'autres faits ultérieurs qui n'en sont que les manifestations extérieures.

Contrairement à certaines thèses occidentales, notamment les travaux révisionnistes[13] assez contestés de Bernard Lugan, proche des milieux militaires français, l'Afrique précoloniale n'a jamais été une *tabula rasa*.

Rien que le Sénégal, à titre d'exemple, était doté de plusieurs entités politiques sous forme de royaumes avec, à leur tête, des souverains issus de dynasties.

Le royaume du Cayor, par exemple, était dirigé par des rois portant le titre de Damel. Le plus célèbre demeure Lat Dior Ngoné

---

[13] Il est l'un des porte-voix des négationnistes vis-à-vis du fait colonial surtout au sein des intellectuels proches de l'extrême droite et de la revue « l'Afrique réelle ».

Latyr Diop. Après avoir opposé une rude résistance au Général Faidherbe, il sera tué et ses troupes vaincues par l'armée française le 26 octobre 1886 à Dékhelé.

Le sort de ce royaume du Sénégal sera, ensuite, celui de tous les autres qui, un à un, vont tomber sous contrôle français. Non seulement, la supériorité militaire était nette, mais l'intensité de la conquête l'a poussée à user démesurément du canon et, de manière disproportionnée, des techniques de guerre proches des massacres de masse aujourd'hui condamnés dans les instances internationales comme la CPI.

Une fois bien établie, l'administration coloniale imposa un système dans lequel ses " sujets " ne se reconnaissaient pas. Il en découlera un sentiment de malaise profond et de perte de repères à cause d'un vide sociopolitique réel ; ces situations similaires à celles propices aux attentes messianiques des communautés désemparées.

La destruction effrénée des anciennes structures politiques locales par la colonisation française et la défection des chefs traditionnels vont produire une situation dans laquelle l'absence de repères donnera un écho favorable à toute prédication religieuse pourvu qu'elle se démarque des « nouveaux maîtres blancs ».

C'est en ce moment que la plupart des cheikhs[14] ont commencé à émerger. Leur message trouvera, facilement, un écho plus que favorable surtout qu'une nouvelle donne économique vint s'y greffer : le développement de la culture de l'arachide, venue des Amériques.

Ainsi, les confréries joueront un rôle majeur dans cette culture introduite par l'Administration coloniale pour satisfaire les demandes des grandes huileries notamment françaises. Vu la rude administration qui sévissait, alors, dans les grands centres urbains, les marabouts et leurs disciples se retireront dans les campagnes d'où leur célèbre appellation de « marabouts de la brousse », notamment pour ce qui est du mouridisme naissant. Ils y attireront

---

[14] Titre décerné aux marabouts, de l'arabe « Shaykh ».

leurs disciples, néophytes ou adeptes affirmés d'un islam au fort tempérament local qui y trouveront, loin des centres administratifs, une certaine sécurité, mais surtout un modèle social reconstitué.

Ce sera sur ces premiers cercles confrériques que reposera la nouvelle économie coloniale basée essentiellement sur l'arachide et la traite y afférente. Les autorités françaises, alors soucieuses de l'impact de cette culture sur l'économie métropolitaine traiteront ces « marabouts de l'arachide » avec un certain égard, non pas par volonté politique, mais par réalisme économique.

Ainsi, par pure contrainte économique, le pouvoir politique allait, en quelque sorte, renforcer celui des religieux. Ces derniers seront les véritables acteurs de l'islamisation en profondeur qui, au-delà des élites politiques ou lettrées, touchera toutes les couches de la population sénégalaise.

Au regard de toutes ces données, la vulgarisation de l'islam sous nos tropiques n'est attribuable ni aux armées de conquérants arabes ou arabo-berbères qui n'ont jamais pu pénétrer à l'intérieur du pays, ni aux multiples incursions guerrières venues du Nord du Sahara.

Sans nul doute, l'islam doit son succès au Sénégal à son caractère pacifique, d'ailleurs, indissociable de la forme soufie, mystique qu'il y a revêtue depuis ses premiers temps. Il y a, de plus en plus, toute une littérature africaine imprégnée de l'imaginaire populaire, qui verse dans cette optique et a l'intérêt de rompre d'avec les idées reçues en Occident comme en Orient d'une islamisation de l'Afrique subsaharienne par le sabre des conquérants arabes.

Seydou Badian Kouyaté souligne, par la voix d'un héros de roman remarque : « *Nous avions eu, au Soudan*[15], *trois prophètes conquérants. Ils ont voulu implanter l'islam par la force du sabre. Ils ont certes réussi à conquérir des régions fétichistes. Les peuples se sont soumis, à genoux, devant leur force, mais ils n'ont pas pu gagner les cœurs, et la*

---

[15] Il s'agit du Soudan français, l'ancienne appellation de l'actuel Mali. En arabe « sûdân » signifie aussi le pays des noirs comme déjà précisé plus haut.

religion qu'ils ont essayé d'apporter n'a pas eu la clientèle qu'ils escomptaient. Ces régions, bien que politiquement soumises sont demeurées fétichistes. C'est de nos jours que l'islam gagne ces contrées. Il les gagne grâce à l'abnégation de ces humbles marabouts, apôtres anonymes qui vont par les pistes difficiles avec leurs sacs à provisions et leurs livres [16]».

En tout état de cause, ce mode d'islamisation ne sera pas sans conséquence sur la forme d'islam qui s'y développera et serait même à l'origine de sa « spécificité » tant évoquée.

Mais l'islam d'origine arabe et les cultures africaines étaient tellement différents et éloignés qu'il ne pouvait pas ne pas y avoir de conflits, malgré les thèses a posteriori d'une proximité naturelle qui ne résisteraient pas à une analyse critique donnant toute sa place aux ressources anthropologiques.

D'ailleurs, la « religion du Prophète » n'a pas été reçue partout sans résistance. L'islamisation du Sénégal résulterait donc, en même temps, d'un armistice. Et comme tout armistice, celui-ci a dû prendre en compte les rapports de force.

L'idée d'un rôle de l'islam comme substitut d'un ancien ordre politique traditionnel menacé par le colonisateur est souvent avancée sans prendre, néanmoins, la précaution de reconnaître la complexité du processus de « conversion » et l'interpénétration des facteurs.

Dans l'histoire du Sénégal, ce sont, d'ailleurs, les régions qui ont le plus longtemps résisté à la pénétration coloniale qui sont les moins islamisées.

---

[16] BADIAN Seydou : *Sous l'orage*, Présence Africaine, Paris 1963, pp. 144-145. Le personnage en s'adressant aux jeunes du village, finit d'ailleurs par cette phrase qui pourrait faire méditer : « *Je ne suis pas musulman ; j'ai choisi cet exemple parce qu'il illustre bien ce que j'ai à vous dire : je sais que la volonté de bâtir votre pays vous anime mais croyez-moi, vous ne ferez rien par la force* ».

Mais, les Sénégalais musulmans ont-ils passivement adopté l'islam sans lui imprimer les marques de leurs cultures traditionnelles ? Rien n'est moins sûr.

Là où certains parlent de « *négrification de l'islam* ", d'autres soutiennent la thèse d'une " *acculturation du milieu subsaharien par la culture arabo-berbère* ».

Toutefois, la longue cohabitation des deux « cultures » a certainement, fini par convaincre d'une certaine complémentarité non sans concessions. Une lente adaptation sans heurts allait s'en suivre en imprimant à cet islam le caractère éminemment pacifique, du moins ouvert, qu'il a revêtu jusqu'à ce jour. C'est ce qu'a voulu démontrer Amadou Hampathé Bâ au Colloque d'Abidjan (1961) par ces propos : « *Parlons comme chez nous ; c'est à dire en images ! Quand l'enfant est petit, on lui donne du lait ; la viande viendra plus tard. Les gris-gris donnent la paix du cœur ; l'islam essaye de les purifier en y mettant le nom de Dieu. Mon arrière-grand-père était farouchement opposé à l'islam, et, aujourd'hui, je suis musulman et ne porte jamais de gris-gris. Il faut donner à l'enfant le temps de grandir (...) Et puis le soldat inconnu n'est-il pas aussi un fétiche ?* [17]».

Pour expliquer le succès du modèle soufi initiatique en Afrique noire, Bâ soutient, aussi, que c'est surtout son côté mystique, « caché » qui a « fasciné » les populations. « *Les Noirs sont avides de sciences divinatoires. Les païens n'ont que peu de moyens : l'islam leur a apporté les plus larges satisfactions. Tous les Soudanais, croyants ou incroyants sont de fidèles clients du diseur de choses cachées. Devin ou marabout, pour eux, c'est un tout* »[18]. C'est ce qu'on a appelé par moments une « *acculturation réciproque* » dans laquelle « *le milieu originel s'islamise et l'islam s'africanise* ».

Les confréries, exogènes comme endogènes, cultiveront ce modèle islamique qui est devenu une réalité sociopolitique

---

[17] Cité par Vincent Monteil, in *L'Islam noir, une religion à la conquête de l'Afrique*, Éditions du Seuil, 1964.
[18] *Ibid.*

indéniable. Elles offrent, certainement, le cadre idéal d'expansion et d'épanouissement à cette foi nouvelle pour être, selon l'heureuse expression de Pierre Rondot, « *le bernard-l'ermite dans la coquille de la religion précédente*[19]».

Sociologiquement parlant, le sentiment d'appartenance et l'identification au groupe sont des caractéristiques fondamentales de la plupart des sociétés africaines traditionnelles. Les confréries se prêtent bien à ce rôle de groupements communautaires et, surtout, de cadres de socialisation alternatifs aux systèmes politiques.

Et, comme l'eau prend la couleur du récipient qui la contient, nous verrons que, désormais, l'islam ainsi adopté devenait « subitement » avec certaines pratiques sociales déjà existantes. Mieux, il les entérinera. Rien n'a changé en fait ; l'islam s'est aussi converti aux pratiques socioculturelles de ses nouveaux adeptes.

Ainsi, au niveau des rôles et fonctions sociaux, le cheikh de la confrérie remplaça progressivement le patriarche de la tribu déchu par le colonisateur. Les séances délibératoires, ces assemblées « démocratiques et égalitaires de l'Afrique traditionnelle » dont parlait Aimé Césaire, qui se tenaient sous « l'arbre à palabres », le *pénc*, en wolof, auront désormais, lieu dans les mosquées. Même les mariages, à la différence d'autres aires islamiques du Maghreb comme du Machrek, y sont célébrés ; fait rarement observable dans le reste du monde musulman.

Malgré les critiques acerbes de certains cheikhs contre le système des castes et des hiérarchies, certaines catégories sociales comme les griots, jadis chargés de la musique et de la communication dans les cours royales, vont se reconstituer sur le plan religieux. Ils deviendront chanteurs religieux ou muezzins sauf certains qui par l'acquisition des savoirs religieux vont s'affranchir de cette forme de domination notamment dans le Fouta

---

[19] Pierre Rondot, *l'Islam et les Musulmans d'aujourd'hui*, Paris, Éditions de l'Orante 1965 (2ᵉ édition).

où ils réinventeront même de nouvelles formes « imaginaires » de noblesse.

Les anciens caciques des cours royales déchues ont bien transposé dans les maisons des chefs confrériques nombre de leurs pratiques et croyances résiduelles d'une société inégalitaire encore marquée par le système des castes et la perpétuelle réinvention de noblesses et de « sangs purs » qui ne devaient plus avoir de sens dans une société dite « islamisée ».

Quant aux cheikhs, eux-mêmes, ils sont, la plupart du temps, issus de « grandes familles » dont certaines ont eu un passé aristocratique. C'est le cas, dans le Mouridisme, par exemple, avec Cheikh Ibra Fall, un des piliers de la confrérie naissante, issu de la lignée d'Amary Ngoné Sobel Fall à laquelle reviendrait, de droit, le trône du royaume de Cayor dans le Sénégal précolonial.

Dans ce même processus de « tropicalisation de l'islam », l'Almamy (de l'arabe *al-imâm*) était synonyme d'Amîru (amîr, émir) chez les Toucouleurs ou Peuls, ethnie à laquelle appartient El Hadj Omar Tall, apôtre de la Tijâniyya en Afrique noire.

De la sorte, la confrérie, sous sa forme actuelle, reproduit quelques fois, l'échelle sociale traditionnelle. De même, s'ils ont découvert ou adopté le patriarcat chez les Arabes ou arabo-berbères et que désormais, dans la nouvelle religion, le califat des confréries se transmettait de père en fils, les Sénégalais ont choisi une métaphore assez significative, rappelant leur attachement au matriarcat d'antan, pour désigner les chefs religieux : *doomu soxna* (fils d'une femme pieuse), en wolof. Une forme de perpétuation d'un système de domination à justification religieuse désormais héréditaire que même l'islam, en général, n'avait jamais connu qu'avec l'avènement de la dynastie des Omeyyades.

Ces efforts d'harmonisation entre les deux « cultures » sont dus, en pays Wolof, à l'action des premiers grands cheikhs confrériques qui, par le biais du système confrérique, ont pu faire de l'islam un facteur de cohésion sociale. On peut expliquer cette relative réussite par l'idée d'une « adaptation sociologique », œuvre notamment du fondateur de la confrérie mouride, qui a pu partir d'une réinterprétation des dynamismes propres à la société wolof et à la tradition islamique pour faire accepter progressivement les changements qu'impliquait leur adhésion à la religion musulmane.

L'islam, au Sénégal, est marqué par cette spécificité dont il ne s'est jamais départi. Les rapports entre chefs religieux et politiques n'ont jamais changé.

De la même manière que le colon français s'appuyait sur l'influence des marabouts pour stabiliser la colonie, recruter des tirailleurs et lever efficacement l'impôt, les présidents successifs du Sénégal indépendant font des chefs confrériques des intermédiaires privilégiés entre eux et leurs gouvernés par un jeu d'inter-manipulation teinté d'un réalisme politique hors pair.

Malgré les confrontations conjoncturelles entre autorités politiques et chefs religieux, l'islam demeure, au Sénégal, un facteur de stabilisation sociale et même de « cohésion nationale » malgré le caractère laïc de l'État donnant toute leur place aux autres confessions notamment le christianisme à dominante catholique.

Au moment où la crise malienne a pu impacter sur l'évolution du champ religieux en Afrique de l'Ouest, nombreuses sont les interrogations sur la viabilité et la durabilité d'un tel islam au milieu du tourbillon sahélien.

Les réponses à cette grande question tourneraient autour d'un « contrat social sénégalais » dont la durabilité relèverait de spécificités moins évidentes à démontrer qu'à affirmer. Toutefois, elles fondent un mythe pour l'instant fonctionnel malgré les incertitudes.

Ce livre s'arrêtera sur les nouvelles dynamiques de l'islam au Sénégal en relation avec l'évolution sociopolitique entamée depuis la naissance des mouvements dit réformiste tout en prenant en compte les mutations qui ont conduit à ce que nous appelons la « nouvelle conscience confrérique ». Il donnera, ainsi, toute sa place à la grande question de la lutte menée par les associations islamiques en rapport avec la défense de la langue arabe et de l'enseignement dit « arabo-islamique ». De plus, il sera important de réinterroger les modes d'engagement à caractère politique puisant leur légitimité dans l'instrumentalisation du discours religieux en tant que base de contestation du modèle laïc sénégalais et ses contradictions. L'analyse de ces problématiques conduira à celle des relations entre le Sénégal et le monde arabe ainsi que la manière dont les pays de cette région usent du facteur islamique comme levier de politique étrangère à l'heure des diplomaties dites « religieuses ».

Bref, les récents développements ayant profondément affecté la région du Sahel seront examinés sous l'angle de leur impact sur le débat politico-religieux au Sénégal de même que les stratégies développées par des pays du Maghreb comme du Machrek afin de peser sur la situation politico-sécuritaire de la région. Ensuite, l'ouvrage reviendra, largement, sur le jeu de rivalités entre puissances occidentales de plus en plus conscientes de l'enjeu islamique pour la conduite d'une diplomatie d'influence dans une région où le facteur religieux garde encore toute sa vigueur.

1. L'ISLAM POLITIQUE : DES PARADOXES RÉFORMISTES À LA NOUVELLE CONSCIENCE CONFRÉRIQUE

Paradoxes du contrat social sénégalais : Entre État « laïc » et société « religieuse »

L'un des paradoxes du Sénégal est le fait que dans un État se disant laïc, le religieux est omniprésent dans le débat politique lorsqu'il ne le structure pas sous de nombreux aspects.

Un imam dénonçant l'interdiction des partis politiques d'obédience religieuse par la Constitution exprimait cet état de fait de manière fort éloquente : « *Quand le Président socialiste Abdou Diouf a voulu déclarer l'ouverture au multipartisme intégral, il a choisi la métaphore religieuse suivante : « La mosquée est désormais ouverte à tous les muezzins ayant une belle voix ». Mais paradoxalement, il maintint une constitution refusant la constitution de partis islamiques* ».

Il faudrait trouver l'origine d'une telle imbrication entre politique et religion dans un autre fait non moins parlant évoqué plus haut : dans ce pays de plus de 94% de musulmans, l'imaginaire nationaliste fondateur de la République n'a jamais été distingué de l'imaginaire religieux.

Il essaie même, de manière utilitariste, d'y trouver sa légitimité quand les circonstances y sont favorables. Les héros construits ou réels d'une histoire étatique sont les mêmes qui habitent les récits et les imaginaires selon qu'on se retrouve dans les sphères religieuse et politique ou lorsqu'elles sont imbriquées.

D'ailleurs, le roman national narré et encore en cours d'écriture et de réécriture est fait de cette imbrication du politique et du religieux, selon les circonstances et les calculs « politiciens ». Une imbrication dont l'analyse se fait encore sous les prismes fonctionnels de la collaboration utile, de la rivalité conjoncturelle ou encore de la complémentarité socialement bénéfique.

De ce fait, la laïcité de l'État tant vantée par une certaine classe politique et qui, pour ses détracteurs, serait inspirée par celle « à la française », n'a jamais eu de réalité que sur la première ligne du papier glacé d'une instable Constitution.

D'ailleurs, sur cette perception même de l'État, les différentes franges de la population comme de l'élite n'ont jamais été aussi divisées. Il arrive très souvent que certains appellent à une « refondation », préalable à l'avènement de la « République sénégalaise[20] » dont les contours et modalités ne sont pas encore fixés par la classe politique ou encore une certaine frange de la société civile en quête d'alternatives.

L'impossibilité constitutionnelle d'une expression politique du religieux sur le champ des batailles électorales qui ont marqué l'histoire du pays n'y a, pour autant, jamais signifié son absence.

C'est même sa présence parfois jugée ostentatoire qui a le plus interrogé les observateurs étrangers de la vie politique sénégalaise. Des rapports heurtés ou de compromis entre les autorités coloniales et les chefs confrériques du début du siècle aux Ndigël[21] électoraux, l'islam a toujours été un acteur politique majeur au Sénégal.

De la période coloniale aux dernières alternances politiques du Sénégal indépendant, ce rapport n'a jamais changé au point que certains y voient même la garantie de la stabilité du pays.

Tandis que d'autres estiment que ce type de rapport renferme les germes de conflits futurs entre ce que Ousseynou Kane, dans une célèbre tribune, appelait la « *République couchée*[22] » et une nomenclature maraboutique qui s'impose de plus en plus.

---

[20] Cette expression est de Serigne Abdou ziz Mbacké Majalis, un des porte-drapeaux du réformisme confrérique notamment chez les jeunes mourides.
[21] Terme désignant en wolof « injonction », « ordre » que les spécialistes français de l'islam sénégalais ont réduit à l'idée d'une consigne de vote en partant de l'unique expérience dans le contexte mouride lors des élections présidentielles de 1988.
[22] Quotidien Walfadjri du 8 mai 2001.

Même avec le départ d'Abdoulaye Wade vu, en son temps, comme le président ayant « mouridisé » la République et ses institutions, le fait demeure que les hommes politiques du pouvoir comme de l'opposition accourent vers les centres confrériques et squattent les salles d'attentes des marabouts dans une concurrence parfois « déloyale » de visibilité lors des cérémonies religieuses.

Confronté aux mêmes réalités qui ont rattrapé tous ses prédécesseurs, le Président Macky Sall qui voulait « réduire » les marabouts à des « citoyens ordinaires », au début de son mandat, s'est vite ravisé en instaurant un programme « extraordinaire » de « modernisation des cités religieuses » lui permettant d'exhiber ses largesses ainsi que la générosité républicaine envers les marabouts et leurs fidèles-électeurs.

Dans le cadre d'un calcul politique sciemment entretenu, ces gestes qu'il perpétue et qui sont surtout destinés à convaincre la masse des fidèles que le Président a bien de la « considération » pour les confréries bien qu'il s'ouvre aussi progressivement aux mouvements islamistes.

Visant à convertir la sympathie des talibés (disciples, fidèles) en gain politique immédiat, la manifestation de tels égards est devenue la chose la mieux partagée dans le landerneau politique sénégalais et qui, par la pratique, est le plus grand dénominateur commun entre le parti au pouvoir et l'opposition.

Une des plus importantes personnalités de l'opposition actuelle au Sénégal, Idrissa Seck, est connue pour ses citations récurrentes de versets du Coran dans ses discours les plus politiques. Il n'a jamais hésité à emprunter des éléments de la symbolique coranique pour « étayer » ses déclarations et orientations. Dirigeant un parti laïc, le Rewmi (le pays en wolof), cet ancien premier ministre d'Abdoulaye Wade a toujours voulu mettre une logique dans cette récurrence de références religieuses dans son discours en confiant même que son « *libéralisme* » était « *coranique au sens des principes d'équité et de dignité humaine qui ne seraient pas en contradiction avec les principes généraux modernes de bonne gouvernance et du respect de tous les êtres humains* [23]».

Contrairement aux temps des grands partis de gauche, la classe politique actuelle ne critique même plus de tels agissements s'inscrivant, elle-même, dans la logique d'un compromis et d'un clientélisme devenus sacrés.

Un islam politique en quête d'espace et de temps

La présence des associations islamiques non confrériques sur la scène politique restait jusqu'ici assez timide en termes de participation visible aux compétitions électorales sauf ces dernières années où elles nouent des alliances « officieuses » avec des partis politiques.

Leur ambition manifeste de conquérir le pouvoir reste bridée par l'impossibilité juridique de constituer des formations politiques d'obédience religieuse. Mais cela a toujours été une simple apparence si l'on sait leur grande capacité à se mouvoir dans l'espace politique et à contourner cet obstacle juridique.

Depuis les luttes pour une meilleure affirmation du référentiel islamique dans les dispositions législatives du pays (code de la famille) jusqu'aux soutiens à des candidats aux présidentielles, il y a eu une certaine évolution des mouvements islamiques qu'il faudrait prendre en compte.

Lors des présidentielles de 2007, un ancien premier ministre a été soutenu par la Jama'atou Ibadou Rahmane qui fit de même lors du scrutin de 2012 en faveur de Macky Sall dès le premier tour.

À part les soutiens affirmés envers des formations ou leaders politiques, la mouvance islamiste contourne les dispositions juridiques en matière de constitution de formation politique en appuyant et soutenant des partis créés par leurs membres ou sympathisants comme le MRDS[24] de l'Imam Mbaye Niang.

---

[23] Notre entretien avec ce leader politique, été 2011.
[24] Mouvement de la réforme et du développement du Sénégal.

Ce parti a toutes les caractéristiques d'une formation islamiste de par ses positions sur les questions sociales, mais, comme au Maghreb, il emprunte les ficelles d'un réformisme politique et de la promotion de l'éthique à l'instar du PJD marocain ou de l'AKP d'Erdogan.

Toutefois, il regroupe des personnalités connues du mouvement islamique, mais arrive à construire des alliances de circonstances avec des partis laïcs pour être présents à l'Assemblée nationale et dans les coalitions capables d'arriver au pouvoir.

Lors d'un débat à travers les réseaux sociaux[25], le nouvel amir de la Jama'atou Ibadou Rahmane, Abdoulaye Lam, expliquait ce processus par la volonté de son mouvement de laisser la liberté à ses membres de s'exprimer sur l'espace politique sans être directement soutenus ou mandatés par l'instance islamique.

C'est par un système d'entrisme et de parasitage de l'espace et des organisations politiques que la mouvance islamiste arrive à s'imposer progressivement. À défaut de pouvoir exercer le pouvoir ou d'avoir une influence politique directe, ce courant qui n'arrive pas à compter par lui-même essaye de peser pour mieux influencer.

Lors des élections législatives de 2012, le MRDS et d'autres alliés proches de la mouvance islamiste ont pu s'allier avec le très célèbre prêcheur Oustaz Alioune Sall aujourd'hui proche du parti au pouvoir, pour faire émerger l'idée d'une alternative politique issue de l'élite arabophone.

Le slogan en était vite trouvée « *Mos leen daara ji* » : « Essayez ceux qui sont issus de l'école coranique ». Cette stratégie déborde même le cadre des seules organisations islamistes et devient le fait de marabouts comme Serigne Mansour Sy Djamil appartenant à la Tijaniyya de Tivaouane.

Par le jeu d'une alliance avec l'opposition à Abdoulaye Wade depuis la tenue des Assises nationales, ce marabout, jadis proche

---

[25] Il s'agit d'une plateforme de discussion à travers l'application WhatsApp intitulé « Maydân hurr li-thaqâfa wa siyâsa » (Espace libre pour la culture et la politique).

des mouvements de gauche en France comme en Afrique, a pu faire une belle percée dans l'espace politique ayant même abouti à une entrée à l'Assemblée nationale dont il fut Vice-Président. Toutefois, il place son engagement politique dans le cadre d'une « conscience citoyenne » qui ne saurait être dissociée de celle « religieuse ».

Il est devenu, par la suite très critique vis-à-vis de ce qui a toujours ressemblé à une « sainte alliance » entre marabouts et politiciens au point de dénoncer l'existence au Sénégal d'une « *mafiocratie politico-religieuse* ». Cette sortie de celui que d'aucuns appellent le « Cartésien sur le Minbar » a même séduit une partie de la classe intellectuelle qui a alors salué l'audace du guide religieux[26].

Mansour Sy Djamil peut, même, être considéré comme l'une des figures incarnant une opposition frontale au régime de Macky Sall. Ses sorties critiques sur toutes les questions d'actualités soulèvent, au sein des adeptes de la confrérie Tijaniyya, certaines interrogations sur les possibilités de concilier « fonctions » religieuses et engagement politique, mais ses dernières déclarations sont sans nuances sur le fait que son engagement soit « purement » politique lorsqu'il précise sans nuances : « *Mes positions politiques ne sont dictées ni par des considérations familiales ou amicales, confrériques ou parentales. Elles suivent les orientations stratégiques de notre mouvement et c'est le Directoire national de Bes Du Ñakk qui en décide et personne d'autre.* [27]»

Pour le courant non confrérique, une stratégie d'occupation du terrain politique prenant en compte la contrainte « laïque » sera adoptée et saura trouver un équilibre tactique entre contestation du système et participation active dans le jeu électoral.

---

[26] Voir Seydi Diamil Niane, *Lettre à Serigne Mansour Sy Diamil- Serigne Bi Djeureudjeuf*, https://www.piccmi.com/LETTRE-A-SERIGNE-MANSOUR-SY-DJAMIL-SERIGNE-BI-DJEUREUDJEUF-PAR-DR-SEYDI-DIAMIL-NIANE_a40141.html.

[27] Voir http://www.petroteamradio.com/les-jeux-sont-faits-par-mansour-sy-djamil/, consulté le 5 septembre 2018.

Le courant islamiste sénégalais : entre contestation et « taqiyya » politique

De manière générale, le courant islamiste présent dans l'espace politique trouve un vivier important dans des mouvements comme le Rassemblement islamique du Sénégal (RIS) qui arrive à secréter des leaders politiques dans le système politique à divers niveaux, que ce soit par un engagement dans les partis classiques ou la création de formations d'opposition.

De même que l'imam Mbaye Niang qui claquera la porte de la coalition présidentielle lorsque Macky Sall décida de faire – finalement - un mandat de sept ans au lieu des cinq promis lors de la campagne du second tour de la présidentielle de 2012. Ainsi, d'autres leaders « islamistes » ont pu émerger.

La contestation du caractère laïque de l'État sénégalais est l'un des thèmes majeurs de l'engagement politique des mouvements islamiques du pays. Ils ont même réussi à mobiliser, sur ce point, les membres des confréries qui sont aussi engagés dans la défense de l'enseignement coranique comme de l'arabe.

Ce système éducatif revendiqué sous l'appellation d'« enseignement arabo-islamique » est l'axe nodal de la contestation islamisée d'un système politique qui discrimine ceux qui ne sont pas issus de l'« école française ».

Mais il y a eu, ces dernières années, une certaine évolution particulière du mouvement islamique sénégalais dans son ensemble à prendre en compte pour une fine analyse de son rapport au politique.

En fait, l'anti-confrérisme de départ qui a atteint son paroxysme dans les années 1990 a dû céder la place à une forme de « réalisme » ayant abouti à la stratégie de la recherche du plus grand dénominateur commun pour une alliance « islamique » plus large.

Cette stratégie s'explique par une prise de conscience de la difficulté de venir à bout des confréries soufies pour la réalisation d'une « société sénégalaise véritablement islamique ».

Ainsi, les attaques frontales contre les confréries aux pratiques jugées « hétérodoxes » durant les années 1990, vont faire place à une logique de coopération et d'alliance objective consolidées de temps à autre par la trouvaille des « causes communes » : lutte contre les « forces anti-islamiques » et les « lobbies pro-occidentaux », défense de la langue arabe et de l'enseignement arabo-islamique, mobilisation contre certaines mesures étatiques jugées comme allant à l'encontre de l'islam etc.

Islam politique et réformisme : nouvelles dynamiques et ruptures

Les études de ces dernières années sur l'évolution de l'islam au Sud du Sahara et notamment au Sénégal, n'ont pas beaucoup pris en compte les stratégies d'adaptation du courant dit réformiste au regard du rapport de force qui lui a été toujours défavorable[28].

Ces spécialistes ont été désorientés par le terme « réformiste » qu'ils ont pris comme tel sans approche critique et ont même brouillé les grilles de lecture sur un phénomène méritant plus de précautions.

Présenter tous les mouvements non confrériques dans une même catégorie dite « réformiste » procède d'une classification simpliste qui n'a pu se départir de la terminologie militante qui a finalement dictée son entendement aux spécialistes.

Le qualificatif de réformiste que se donnent ces mouvements n'a absolument pas le même sens que celui qu'on lui donne dans

---

[28] Nous signalons tout de même l'excellent travail de Mame-Penda Ba, *L'islamisme au Sénégal (1978-2007)*, Thèse de doctorat sous la direction de Philippe Portier, 2007. *Idem,* « La diversité du fondamentalisme sénégalais. Éléments pour une sociologie de la connaissance », *Cahiers d'études africaines* 2012/2 (N° 206-207), pp. 575-602.

l'analyse de l'évolution des courants religieux. Comment mettre dans une même catégorie des courants doctrinaires aussi divers que le salafisme quiétiste ou piétiste comme Al-Falah et Istiqâma avec des mouvements plus politisés et proches de l'idéologie des Frères musulmans à l'instar du RIS et dans une moindre mesure la Jama'atou Ibadou Rahmane ?

De plus, si le réformisme vise à aller vers plus d'ouverture voire de modernité, en quoi les courants wahhabites qui condamnent toutes les innovations peuvent-ils entrer dans cette catégorie ?

De même, ces chercheurs ont eu du mal à percevoir la capacité des mouvements dits réformistes à composer avec l'évolution de l'environnement politique et social qui les ont poussés à adopter de fines stratégies allant de l'entrisme au parasitage des milieux confrériques. Dans son livre intitulé *Jamâ'atu Ibâdu Rahmân fi Sinighâl, At-Târîkh wal Minhâj*, Ndiogou Mbacké Samb[29] revient sur les origines méconnues de ce mouvement à cause des débats au sein même de la Jamâ'a sur l'orientation idéologique à adopter. L'intérêt de cet ouvrage en arabe est d'avoir relativisé les thèses dichotomistes de Mouhamadou Bamba Ndiaye qui a voulu expliquer la naissance de la Jamâ'a comme découlant d'un antagonisme entre soufisme et salafisme. Pour Ndiogou Mbacké Samb, contrairement aux affirmations de Bamba Ndiaye, « *il n'y a jamais eu d'animosité encore moins de haine (…) entre les fondateurs de la Jamâ'atu Ibâdu rahmane et le soufisme* [30] ».

De plus, à l'inverse de Bamba Ndiaye dont l'action, au sein du mouvement, a été assez controversée, Ndiogou Mbacké Samb tient à expliquer que la Jamâ'a « *ne s'était pas interdit de collaborer avec l'État laïc, mais avait un style différent dans ses interactions avec le soufisme et la laïcité émanant d'une vision claire et des finalités conformes avec celle de la da'wah et ses grands objectifs.* [31] »

---

[29] Samb Ndiogou Mbacké, *Jamâ'atu Ibâdu Rahmân fi Sinighâl, At-Târîkh wal Minhâj*, Markaz al-Maqâcid li-d-dirâsât wal buhûth, Rabat 2018, p. 63.
[30] Samb, *ibid.*, p.63.
[31] Samb, *ibid.*, p.63.

On peut alors se demander comment s'est opérée cette évolution qui conduisit à la situation présente où les tenants du mouvement réformiste adoptent une attitude hostile vis-à-vis du principe laïc et de la « République ». Est-ce à situer dans le cadre du maillage idéologique élargi aux milieux confrériques avec le projet de mettre fin à la laïcité de l'État et la volonté d'islamiser la société et ses lois. Ces objectifs restent intacts, en dépit de stratégies de collaboration ou d'infiltration.

Une telle attitude est tellement partagée au sein de la mouvance islamiste que des fonctionnaires de l'État comme des inspecteurs de l'éducation nationale affirment clairement une position hostile à la nature républicaine du pays.

Ces dernières années, Ndiogou Mbacké Samb, ne cache pas cette hostilité et l'affirme clairement dans des tribunes de presse. Lors du référendum constitutionnel pendant lequel le débat tournait autour de l'intangibilité du caractère laïc de l'Etat, il défendait : « *La constitution de chaque pays se fonde ou doit être fondée sur la base de la croyance idéologique et culturelle des peuples ou communautés auxquels elle est destinée. Cependant, malgré l'écrasante majorité, plus de 95%, que constituent les musulmans et le grand prestige dont jouissent les chefs religieux, les rênes du pouvoir restent jusqu'à présent entre les mains des laïcs, qui n'accordent aucune importance à la religion. L'exemple du code de la famille est toujours vivant dans nos esprits et ses conséquences ne cessent de heurter nos consciences. Si toutefois nos chefs religieux et présidents d'associations islamiques avaient fait une bonne lecture des péripéties du code de la famille, ils auraient pu en tirer de pertinentes leçons, qui leur auraient servi dans leurs relations avec les politiciens. Mais, voilà que l'histoire se répète devant nous.* [32]»

Pour l'inspecteur de l'Éducation nationale, devant objectivement afficher une neutralité religieuse au regard de ses

---

[32] Samb, Ndiogou Mbacké, Tribune publiée sur le site de la Jamaatou ibadou Rahmane http://www.jironline.org/itemlist/user/687-jironline?start=240. Consulté 08/08/2018.

fonctions, il y aurait, même, un « complot contre l'islam et les musulmans » à travers l'instauration et la préservation du principe laïc au Sénégal : « *Les partisans de la laïcité sont en train de comploter pour faire passer des réformes très dangereuses, dont le principal objectif est d'éradiquer le reste des valeurs morales islamiques auxquelles le peuple musulman sénégalais est profondément attaché. Cela après qu'ils ont répandu dans tous les coins du pays la débauche, l'immoralité, l'obscénité et le vice... Cela ne doit surprendre personne, car venant de ceux qui croient en la séparation de la religion et de l'État, de la Charia et de la vie, du Coran et du pouvoir.* [33]»

En analysant les stratégies politiques des islamistes sénégalais proches du camp salafiste, un jeune leader confrérique nous confiait que tout les rapprochait de la tactique de la « ligne de masse » connue chez les mouvements d'extrême gauche, notamment maoïste !

Tout en développant un discours critique sur la société et le système politique sénégalais laïc, un travail d'infiltration des confréries se poursuit en les mobilisant à travers les « causes communes » et la « restauration des valeurs religieuses » tout en gardant soigneusement le projet ultime de la purification de l'islam et donc de l'éviction de l'islam soufi à terme.

Dans la conclusion de son ouvrage peu analytique, mais représentant un intérêt documentaire factuel certain, Ndiogou Mbacké Samb énumère parmi les trois recommandations dans sa conclusion, « *une multiplication des efforts de rapprochement et d'une plus étroite coopération avec tous ceux qui ont en partage le grand projet islamique réformiste pour le triomphe de la religion.* [34]»

C'est, d'ailleurs, par ce procédé qu'on a vu se tisser d'importants liens entre les confréries et les mouvements islamiques avec, parfois, un itinéraire mixte des acteurs religieux

---

[33] Samb, *ibid.*, http://www.jironline.org/itemlist/user/687-jironline?start=240 consulté 08/08/2018.
[34] Samb, *ibid.*, p. 274.

que n'a pas beaucoup saisi l'approche des spécialistes français de l'islam sénégalais.

Cette génération de chercheurs a longtemps travaillé à partir du paradigme de dualité du champ islamique avec, d'un côté les confréries et, de l'autre, des mouvements islamiques plus prompts à basculer vers un engagement politique plus prononcé. À l'ère de la « nouvelle conscience confrérique », il est même remarqué que les marabouts sont au cœur des dynamiques de contestation de la légitimité de la classe politique avec l'élaboration de discours de plus en plus critiques à l'égard des institutions comme la justice et le parlement.

Aujourd'hui, dans la littérature « spécialiste » du fait islamique au sud du Sahara, les termes fleurissent çà-et-là dans des travaux qui ne reflètent pas une réalité beaucoup plus complexe que celle simplifiée à travers des qualificatifs comme « néo-confrériques » etc. Cette troisième génération de chercheurs majoritairement politiste n'a pas su profiter des ressources anthropologiques de la première qui, au-delà de la simple spécialisation, avait un lien particulier avec le continent.

Les récentes évolutions accentuées par les effets de la crise sahélienne ont pu montrer que ce schéma n'a pas pu résister au caractère dynamique d'un islam qu'on a longtemps voulu figer avec des paradigmes qui avaient subi l'effet du temps et de l'évolution de l'espace religieux.

Les élections législatives de 2017 ont mis à nu les aspects d'une nouvelle évolution qui demandera des études plus approfondies rompant d'avec les schémas africanistes et les paradigmes longtemps entretenus.

Il y a eu, en fait, l'arrivée sur la scène politique de nouveaux leaders ne mettant pas en avant l'affiliation « islamique », mais qui jouent sur la sémantique d'un renouveau fondé sur la promotion de l'éthique et de la rupture d'avec les pratiques politiques précédentes.

Certains de ces nouveaux leaders politiques ont, aussi, eu un passé d'engagement dans des mouvements religieux estudiantins comme Ousmane Sonko qui est un ancien membre actif de l'Association des Étudiants et Élèves musulmans du Sénégal (AEEMS) active sur les campus universitaires de Dakar et de Saint-Louis. La question serait de savoir si le jeune leader lui-même revendiquerait un « projet islamique » ou ce sont certains milieux « islamistes » dont il est proche qui veulent transférer sur une personnalité nouvelle dans le landerneau politique leurs préoccupations d'une prise en charge d'objectifs « religieux ». En tout cas, cette tension crée un certain malaise au sein de ses soutiens avec un tiraillement idéologique entre ceux qui adhèrent à son discours « patriotique » et ceux qui veulent s'y identifier en tant que porteurs d'un projet « islamique ».

Néanmoins, rien dans leur discours officiel ne laisse transparaitre une quelconque orientation religieuse si ce n'est les indices de leur accointance avec les porteurs du « projet islamique ». Afin de brouiller cette affiliation, les thèmes défendus dans le discours d'acteurs porteurs d'un « projet islamique » sont des plus généraux et en vogue comme le souhait d'une gouvernance plus éthique ou « l'éviction des politiciens professionnels ». Ce procédé s'inscrit toujours dans la stratégie de captation des aspirations et des demandes sociales. Mais, il demeure que dans le parti de ce jeune leader, le conflit de cultures politiques est encore vivace entre adeptes d'une vision politique proches des thèses de l'islam réformiste et ceux qui sont mobilisés par un discours axé sur une forme d'adéquation entre politique et éthique.

Le fait est toujours que beaucoup d'acteurs proches des mouvements réformistes non confrériques ont eu à appeler, sur les réseaux sociaux, à voter pour la liste dirigée par Ousmane Sonko[35]

---

[35] Figure emblématique de la dénonciation de la « corruption » et de « mal gouvernance » suite à la gestion des contrats pétroliers et gaziers par le régime du

qui, à leurs yeux, représente une alternative « crédible » de par ses « qualités morales et religieuses ». Il arrive, de ce point de vue, à créer une synergie plus importante que la faible mobilisation d'un Imam Mbaye Niang dont le discours n'a jamais pu percer au-delà des mouvements islamiques dits « réformistes ».

Mame Cheikh Mbacké Khadim Awa Bâ, président de l'AIS[36], organisation déclarant défendre le patrimoine religieux du Sénégal et menant une certaine lutte contre la pénétration des idéologies salafistes et wahhabites avait, de même, posé comme condition de soutien à une quelconque coalition, un engagement explicite à faire avancer les « causes islamiques » : Daaras, enseignement « arabo-islamique », et meilleure intégration des arabisants par l'État.

De même, bien que peu revendiqué, un autre ancien militant de l'AEEMS[37] proche des milieux réformistes comme le « Rassemblement islamique du Sénégal » (RIS[38]-Al Wahda, de tendance frériste), Mansour Ndiaye du parti « Dooley Yaakar » (la force de l'espoir), s'est lancé dans la compétition des législatives de 2017 avec une coalition de partis et de mouvements de soutien.

Ses liens avec des mouvances islamistes du Maghreb dont celle de Rached Ghannouchi à la tête d'Ennahda en Tunisie peuvent induire plusieurs questionnements sur l'orientation idéologique que prendra son parti ou les positions qui seraient défendues par son groupe.

Président Macky Sall. L'inspecteur des impôts, Ousmane Sonko a été limogé de la fonction publique par décret présidentiel et a été soutenu par la société civile avec une certaine vague de sympathie qui a accompagné le début de sa carrière politique.

[36] Association islamique pour servir le soufisme.

[37] Association des Élèves et Étudiants musulmans du Sénégal, présente sur les campus universitaires et dans certains lycées prônant un islam dit réformiste avec un fonctionnement assez inclusif s'ouvrant même aux adeptes des confréries.

[38] Rassemblement islamique du Sénégal, mouvement islamique accueillant d'anciens membres de l'AEEMS mais aussi d'autres militants provenant des mouvements dits « réformistes ».

Sa position peu claire sur son engagement ainsi que la dissimulation de ses positions islamistes ont, peut-être, fini par désorienter les électeurs qui ne lui ont pas finalement permis d'obtenir un seul député à l'Assemblée nationale.

L'itinéraire des militants de l'islam politique proches des mouvements réformistes issus de l'AEEMS ne peut être dissocié de la proximité historique entre ce groupement étudiant et la Jama'atou Ibadou Rahmane. Parmi les critiques faites au livre de Ndiogou Mbacké Samb[39] sur la Jamâ'a figure en bonne place l'absence d'approfondissement de l'analyse de ses liens historiques avec l'AEEMS.

Dans une tribune publiée sur le site réformiste (justemilieu.sn), Fadel Sarr reproche à l'ouvrage de cet inspecteur d'enseignement de ne pas souligner comme il se devait le rôle que la Jama'atou Ibadou Rahmane a joué dans la naissance et le développement de l'AEEMS en ces termes : « *C'est la Jamâ'atu Ibâdu Rahmane qui a semé la graine de l'action étudiante à l'Université de Dakar, dans les écoles primaires, établissements secondaires et autres instituts du pays. (…) Elle a aussi assuré la direction du groupe avec les élèves et étudiants dans ces établissements, l'orientation et la supervision de l'Association des élèves et étudiants musulmans, dès 1993. (La Jamâ'a) a abattu un important travail d'intégration pour réaliser le projet de réforme au Sénégal (avec l'AEEMS) dirigé (d'abord) par le frère Sakho et Saliou Dramé, avant de passer le flambeau à Mansour Ndiaye. Et les deux premiers étaient membres de la Jamâ'atu Ibâdu rahmane. Même sans rejoindre officiellement la Jamâ'a, (Mansour Ndiaye) a poursuivi l'œuvre de ses prédécesseurs, pour la réalisation des objectifs collectifs sur la voie réformiste.* [40]»

Appartenant à la même génération issue des flancs de l'AEEMS avec un militantisme islamique depuis le lycée, certains acteurs comme Mohamed B. ont servi, pendant un moment, de trait

---

[39] *Jamâ'atu Ibâdu rahmân, Al-Târîkh wal Minhâj*, (La Jamâ'atu Ibâdu Rahmân, l'histoire et la méthode) paru en arabe en 2018.
[40] Voir la tribune de Fadel Sarr (en arabe), sur ce lien http://www.justemilieu.sn/ انطباعات-عن-كتاب-جماعة-عباد-الرحمن-في . Consulté le 24/08/2018.

d'union entre la classe politique et les mouvements islamistes bénéficiant d'une formation à l'occidentale, mais revendiquant une « islamité » de leur engagement.

Le cas de Mohamed B. est révélateur des contradictions qui caractérisent ce type de militantisme parfois utilitariste pouvant basculer d'un moment à l'autre selon les conjonctures. Usant de cette position qui lui a longtemps permis une existence politique parmi les organisations laïques et offert une légitimité « intellectuelle » chez les islamistes, cet acteur connu de la société civile finira par rejoindre la coalition du Président Macky Sall avec qui il avait longtemps cheminé tout en donnant des gages de neutralité dans le cadre du M23 à la veille des présidentielles de 2012.

Ces incohérences des militants islamistes font qu'il est très difficile d'analyser le rapport de ce courant au système politique dont ils dénoncent la laïcité tout en cherchant à y occuper des responsabilités parfois au prix de contorsions et de compromissions dont l'analyse rationnelle devient extrêmement difficile.

Un autre cas, celui de Mouahamadou Bamba Ndiaye, illustre bien cet état de fait. Après avoir longtemps animé le courant islamiste par des prêches assez virulents, il est arrivé à devenir ministre-conseiller du Président libéral pour les affaires religieuses après s'être chargé de journaux de propagande de son régime. Récemment, après un détour chez Malick Gackou, un des opposants du Président Sall, il s'est fendu d'une tribune pour justifier son ralliement au parti présidentiel.

Illustrant cet état d'esprit d'un militantisme islamique aussi « alimentaire » que celui des politiciens « professionnels », un important acteur assez proche de l'AEEMS et de la mouvance islamiste nous confiait à cet effet en 2013, que les militants islamiques sont « *maintenant fatigués et ils désiraient désormais vivre* ».

En plus de ces contradictions, le courant islamiste souffre d'un déficit de leadership et miné par des divisions accentuées par les divergences doctrinaires malgré les apparences d'une « conscience islamique » et les efforts d'harmonisation depuis la mise en place du RAFSUS[41], Rassemblement des Forces Sunnites du Sénégal. Cette structure avait pu réunir les membres de la Jama'atou Ibadou Rahmane, le mouvement Al-Falah et Dârul Istiqâma de Dr. Ahmad Lô dans un contexte marqué par la crise malienne et le débat sur la possibilité d'une extension au moins idéologique au Sénégal.

Il était question, à l'époque, de la constitution d'un « camp sunnite » face à l'affirmation des confréries se présentant de plus en plus comme alternatives à l'islam dit « radical » dans un contexte tendu où les tendances réformistes étaient parfois pointées du doigt par des approches alarmistes[42] ou taxées de sécuritaires..

Toutes ces évolutions sont le signe de nouvelles dynamiques d'un champ religieux que peinent à capter les méthodes traditionnelles d'approche du religieux n'intégrant pas les techniques de veilles qui s'imposent, désormais, aux sciences sociales.

Dans le même ordre d'idées de dynamiques négligées, on pourrait placer les stratégies d'affirmation qui n'épargnent même pas les autres formes de religiosités.

Absente du débat public depuis longtemps, la place du christianisme sur l'échiquier politique vient d'être posée à nouveau dans le cadre d'un mouvement dénommé « *Association Synergie chrétienne et citoyenne* ». Pour sa responsable, cette initiative a été

---

[41] Voir l'article de presse « *JIR, Al-Falâh et Darou Istikhama unissent leurs forces* » dans le journal l'Enquête du 8 juin 2013 sur le lien suivant : http://www.enqueteplus.com/content/jir-al-falah-et-darou-istikhama-unissent-leurs-forces-les-recettes-du-rafsus-pour-un-%E2%80%98. Consulté le 24/08/2018.

[42] Il faut signaler que certaines de nos publications étaient vues comme alarmistes ne faisant pas dans la nuance, comme nous le reprochent des acteurs importants du mouvement islamique. Nous avons bien tenu compte de ces remarques dans l'analyse.

lancée pour « *contribuer à l'éveil des consciences de la communauté Chrétienne au Sénégal.* [43]»

La présidente de ce mouvement chrétien à vocation politique, Jeannette Mancel Diouf, proche de la mouvance présidentielle et du parti de Macky Sall réaffirme que « Synergie chrétienne et citoyenne » cherche à mettre un terme à « *l'effacement des chrétiens de l'espace public et politique, le repli sur soi, et l'absence d'élites et de leadership chrétiens, relève d'un constat largement et unanimement partagé.*»

De la même manière que les militants islamistes, Jeannette Mancel évoque pour justifier son engagement, « *une véritable mission évangélique de prendre part à l'élaboration et au choix des grandes décisions politiques, sociales et sociétales de notre pays* » en usant d'un vocabulaire teinté de religiosité. En même temps ce mode d'engagement politique veut s'appuyer sur l'appartenance religieuse en la manipulant comme un levier de mobilisation jouant fortement sur un sentiment communautaire.

Contrairement aux thèses qui voudraient limiter la manipulation des symboliser religieux pour des motifs politiques, cette forme d'engagement alimentée par un discours ultrareligieux permet de relativiser les thèses de Marcel Gauchet[44]. Cet essayiste avait beaucoup observé les processus de sécularisation, mais il en faisait une spécificité du christianisme qu'il considérait comme « la religion de la sortie de la religion » dans le sens d'une séparation entre elle et le politique.

Pourtant, tout dans l'argumentaire de « synergie chrétienne » rappelle les mêmes raccourcis du discours de l'islam politique y compris sa dimension « missionnaire » : « *La mission du chrétien n'est pas contraire à l'engagement politique. Bien au contraire. Il nous*

---

[43] La déclaration est relayée par le site d'information sénégalais Dakaractu.com - https://www.dakaractu.com/Presidentielle-Synergie-chretienne-et-citoyenne-pour-l-eveil-des-consciences_a156211.html. Consulté le 13/08/2018.
[44] Voir Gauchet, marcel, *Le désenchantement du monde : Une histoire politique de la religion*, Paris, Seuil, 1985.

appartient, nous chrétiens, d'entrer en politique et de contribuer à l'assainissement et à l'élaboration d'un profil d'homme politique nouveau afin de pouvoir véritablement changer de paradigmes et rompre d'avec cette perception négative que les gens ont de la chose politique [45]».

Lancé dans une période pré-électorale décisive, il serait intéressant de suivre cette dynamique et analyser ses effets sur l'engagement des autres mouvements religieux notamment musulman.

Vers une nouvelle conscience politique confrérique ?

L'une des évolutions les plus significatives du rapport entre les acteurs confrériques et le personnel politique du Sénégal indépendant devrait être le passage des premiers du statut de « clients » à celui d'entrepreneurs politiques autonomes. Ces « entrepreneurs » se meuvent dans le champ politique avec une certaine autonomie qui fait même, parfois, défaut, à ce qu'il est convenu d'appeler la société civile. C'est pour cela que le religieux gagne du terrain et empiète même sur celui des acteurs traditionnels souffrant d'une insuffisance de légitimité dans des contextes où le sens devient un bien symbolique plus que convoité. Les anciens schémas construits autour d'une simple relation de clientèle entre « le marabout et le prince [46]» ont fait leur temps à l'épreuve d'un champ politico-religieux devenu finalement hybride.

C'est Serigne Abdou Aziz Mbacké Majalis, un jeune descendant du fondateur du mouridisme et non moins actif dans la formulation du projet de « refondation sociétale », qui use du concept de « nouvelle conscience mouride ».

---

[45] https://www.dakaractu.com/Presidentielle-Synergie-chretienne-et-citoyenne-pour-l-eveil-des-consciences_a156211.html. Consulté le 13/08/2018.

[46] L'expression est du politologue français Christian Coulon dont les thèses ont été longtemps reproduites même par des chercheurs africains alors que les paradigmes avaient changé depuis. Voir, notamment, son ouvrage *Le marabout et le Prince. Islam et pouvoir au Sénégal*, Paris, Pedone, 1981, 317 p.

Ce marabout de la concession de Gouye Mbinde à Touba qui a incarné, durant cette dernière décennie, le renouveau de la pensée confrérique s'inscrit dans une dynamique de reformulation du message religieux mouride de la même manière qu'il théorise dans ses différentes interventions cette « nouvelle conscience mouride ».

Selon lui, une certaine maturité politique fait que les adeptes de la confrérie font désormais la différence entre les enseignements spirituels du fondateur, Cheikh Ahmadou Bamba et les usages utilitaristes que pourraient en faire certains entrepreneurs politiques.

Dans son schéma, la politisation de la confrérie au sens d'une mobilisation électoraliste profitant de la légitimité religieuse ne sera plus aussi évidente que dans les années 80.

De même, dans son ouvrage *Khidma, la vision politique de Cheikh Ahmadou Bamba*[47], qui s'est attaqué aux fondements théoriques des africanistes parisiens ainsi que leurs disciples africains qui les ont reproduits, il dessinait déjà les contours de cette nouvelle évolution.

La situation de l'islam politique au Sénégal est tellement complexe et les modes d'engagement diversifiés qu'on pourrait, légitimement, s'attendre à une nouvelle recomposition de l'espace politique si l'on sait que même les partis se déclarant laïcs font appel de manière utilitariste à des formations religieuses pour la construction d'alliances… de circonstances.

L'entrée en scène de partis d'émanation confrérique n'est pas une nouveauté en soi ; Cheikh Tidiane Sy, plus connu sous l'appellation d'Al-Maktoum, défunt Khalife de la Tijaniyya sénégalaise en a fait l'expérience bien avant l'indépendance.

Mais, les nouveaux types d'engagement d'acteurs confrériques reflètent la profonde mutation des rapports entre politique et religion au Sénégal, ces dernières années.

---

[47] *Khidma, la vision politique de Cheikh Ahmadou Bamba : essai sur les relations entre les mourides et le pouvoir* politique *au Sénégal* (2015).

Jusqu'ici, les analystes s'étaient focalisés sur l'impact des consignes de votes confrériques ainsi que le rapport entre acteurs confrériques et politiques. La nouvelle donne est que les acteurs confrériques sont de plus en plus intéressés par la participation active dans le jeu politique en sollicitant les suffrages des citoyens par une présence de plus en plus marquée sur les listes des partis et coalitions.

Les partis politiques, aussi, sont de plus en plus conscients du gain électoral que pourrait leur apporter l'implication des acteurs confrériques. Au-delà des Ndigël et autres formes de mobilisation en faveur des candidats aux élections, les marabouts de toutes les confréries essaient de toucher les dividendes de leur influence politique réelle ou supposée en devenant de véritables entrepreneurs électoraux. Ils maîtrisent, de plus en plus, le jeu des alliances et participent à l'instar de tous les acteurs politiques « profanes » aux tontines électorales négociant postes de directions et fauteuils ministériels dans le cadre des alliances et coalitions.

Cet état de fait peut être illustré par la participation, aux dernières législatives, de deux partis d'obédience confrérique – bien qu'ils s'en défendent – proches de la Tijaniyya et du mouridisme : le parti de l'Unité et du rassemblement (PUR) et le Parti pour la vérité et le développement (PVD).

Bien qu'issues de confréries différentes, ces deux formations mettent l'accent sur la nécessité de promouvoir et d'imposer enfin une véritable éthique dans la sphère politique : une demande citoyenne ainsi captée par de nouveaux acteurs politiques ayant intégré la force du religieux dans une société « religieusement » laïque et « à sa manière ».

Pour ce faire, ils revendiquent une ligne de conduite fondée sur la « Vérité », maître-mot qui revient souvent au moment où le discours politique, de manière générale, pèche par son manque notoire de crédibilité.

En effet, ces guides religieux derrière la création de ces partis possèdent, ne serait-ce que dans les perceptions dominantes, la légitimité pour prêcher cette « parole vraie » ou du moins religieusement crédible. En tant que chefs charismatiques, ils déclarent combattre la corruption et l'injustice sociale tout en se dédouanant de leur part de responsabilité dans un système sociopolitique où ils sont, pourtant, pleinement impliqués.

C'est sur ce point précis qu'il serait intéressant d'anticiper sur la question de savoir comment ces nouvelles tendances du champ politique sénégalais vont se comporter à l'épreuve de l'exercice total ou partiel du pouvoir ou encore dans l'hémicycle où le Parti de l'Unité et du Rassemblement (PUR) a fait son entrée avec trois députés.

En déclarant lutter contre les dérives d'un système – dont ils font partie – pour la transparence et la justice sociale, ces nouvelles formations d'inspiration religieuse se positionnent ainsi, dans le discours, en opposition frontale aux politiciens classiques dont le penchant pour la « Vérité » et la « justice » n'est pas la caractéristique première aux yeux de l'opinion publique sénégalaise.

Ces nouveaux leaders arrivent ainsi à jouer sur les perceptions à dominante négative que les populations développent à propos de la classe politique de manière générale pour mieux se positionner en alternatives crédibles.

En proposant un programme politique pour le destin du Sénégal à l'instar des partis classiques et des coalitions indépendantes, il est intéressant de constater à quel point ces chefs sortent progressivement de leur fonction de guide religieux en entrant dans le jeu politique. Ceci peut n'être que le fruit d'une apparence car ils déclarent nier les frontières que l'on a voulu mettre entre les deux sphères auxquelles ils disent appartenir à la fois.

Mieux, dans leur conception de la chose politique, ils disent être dans leur véritable rôle, ne considérant pas qu'il y ait une séparation conceptuelle entre le politique et le religieux dans le champ islamique.

Contre l'avis de nombreux islamologues et de toute réalité historique, Cheikh Abdoul Ahad Gaïndé Fatma, tête de liste de Bennoo Bokk Yaakar à Touba, l'a redit, lors des dernières législatives pour expliquer son engagement politique que beaucoup de membres de la confrérie lui avaient reproché. Mais, dans la logique de ce descendant de Cheikh Ahmadou Bamba, parmi les plus influents aujourd'hui, il n'y a pas de contradiction entre engagement politique et statut religieux. Pour ce petit-fils du fondateur de la confrérie, intellectuel formé au Canada en partie et très actif dans l'organisation du Magal de Touba, les gens de la cité religieuse, en l'occurrence les marabouts, sont les mieux placés pour défendre les intérêts du Mouridisme. De ce fait, son engagement ne serait en rien contradictoire avec son statut de religieux d'autant plus que l'intention est de mieux « servir Serigne Touba » comme il le soutient.

À y regarder de près, le fonctionnement même de ces partis est marqué par une influence de la dimension religieuse aussi bien dans le discours que la scénarisation des rencontres et mobilisations politiques. Rien n'est laissé au hasard : les codes couleurs, (le vert de l'islam et le jaune poussin qui rappelle celui du Hezbollah) comme la convocation des imaginaires religieux.

Profitant d'une implantation locale de longue date, épousant les contours du Dahiratoul Moustarchidina Wal Moustarchidaty, le PUR, par exemple, va au contact de la population à travers des visites de proximité, rompant d'avec la tradition des meetings populaires. Malgré toutes les contorsions des responsables du parti se défendant d'être une formation d'inspiration religieuse, la majorité des militants sont des disciples de Serigne Moustapha SY ou proches de la Tijaniyya.

Cependant, les responsables du parti excluent toute caractéristique religieuse contraignante brandissant même l'argument de compter des chrétiens dans leurs rangs en plus de l'effacement volontaire du guide charismatique lors de la campagne, tel un « imam caché » dans l'eschatologie chiite duodécimaine !

Il s'est d'ailleurs récemment illustré, lors de la célébration du Mawlid[48] en novembre 2017, par des déclarations où il revendiquait des pouvoirs mystiques de faire et de défaire les présidents en Afrique et dans le monde.

Le Parti de la Vérité et du Développement (PVD) a, lui, clairement affiché son affiliation au mouridisme tirant même les paroles de son hymne des écrits de Cheikh Ahmadou Bamba, dont l'effigie est constamment brandie, tout en laissant la direction de ses meetings et les grandes déclarations à la presse à son guide spirituel, le très charismatique Serigne Modou Kara Mbacké ou ses principaux lieutenants. L'épouse du cheikh, une ancienne journaliste de la télévision publique semble tenir les reines du parti dont elle est l'une des figures les plus médiatisées.

Les confréries : nouveaux lieux de production de la critique politique ?

Une certaine approche assez stéréotypée des confréries développée dans les centres de recherches du Nord a pu malheureusement fixer le cantonnement des acteurs confréries dans certains rôles avec des expressions simplistes comme les « marabouts de l'arachide », « marabout Cadillac » etc. Cette production « dominante » a longtemps structuré le champ de la réflexion sur l'islam au sud du Sahara au point d'être une référence instituée et reproduite par des générations de chercheurs africains.

Les tentatives « précoces » de déconstruction, au début des années 2000, s'en trouvèrent vite bridées par des lignes éditoriales faisant peu de place à ce qui, à l'époque, était vu comme une sorte de bravade de la pensée instituée régnant, par ses revues et maisons d'éditions sur les études « africaines ».

---

[48] Célébration de l'anniversaire de la naissance du prophète Mouhammad, pratique assez courante chez les soufis.

Dans ce contexte, où il était surtout question de plaquer les paradigmes encadrant la montée de l'islam politique au Maghreb et surtout en Algérie, il fallait, pour les chercheurs, arriver à trouver des clivages pertinents pouvant nourrir un comparatisme opérant. Ainsi, la communication de Bakary Sambe au Colloque international sur l'islam politique au Sud du Sahara, à l'Université Paris 7 appelant à une relativisation des clivages, ne trouvera jamais de place dans l'ouvrage collectif qui en était issu, mais finalement dans la revue *Prologues* dirigée par Abdou Filali Ansary. Ce dernier avait, alors, trouvé scientifiquement salutaire, la nécessité de faire l'écho d'autres approches intégrant les nouvelles dynamiques en cours sur un terrain longtemps déserté par les « spécialistes ». Dans « *Pour une ré-étude du militantisme islamique au sud du Sahara depuis les années 80* », Sambe[49] proposera de redonner toute leur place aux évolutions récentes mais surtout à l'analyse du discours et à l'itinéraire mixte des acteurs islamiques qui contrastait avec la vision dichotomique (confréries-réformisme) conceptuellement plus « aisée » à asseoir.

Mais, plus tard, à la faveur de la mise en place d'institutions d'enseignement et de recherche comme le Centre d'étude des religions de l'Université de Saint-Louis en 2012, sous l'impulsion de personnalités scientifiques comme Felwine Sarr, on a pu noter une plus grande prise de conscience de chercheurs s'assumant comme incarnant une « vision du Sud » capable de produire un discours scientifiquement crédible sur les questions africaines.

Ainsi, à l'instar du géographe Cheikh Guèye d'Enda Tiers-monde, de la politologue Mame Penda Bâ, de Blondin Cissé[50], Bakary Sambe, Rachid Id Yassine, Abdourahmane Seck, Frédérique Louveau ainsi que d'autres chercheurs autour du Centre d'étude

---

[49] Voir l'article de Sambe, B. « Pour une ré-étude du militantisme islamique au Sud du Sahara », *Prologues, Revue Maghrébine du Livre*, Trim. N°34-Eté 2005. *Re*vue sous la direction de Abdou Filaly Ansary.

[50] Cissé, Blondin, *Confréries et communauté politique au Sénégal*, Paris, L'Harmattan, 2007, 394 p.

des religions de Saint-Louis (CER), les lignes paradigmatiques ont quelque peu bougé vers une reconsidération critique qui fait désormais son chemin.

Loin des démarches généralisatrices, ces chercheurs ont pu s'arrêter sur les « *renégociations du rapport Islam, politique et société[51]* » sous le prisme de ce que Abdourahmane Seck interprète comme une « *nouvelle modernité* ». Le mérite d'un tel travail produit au Sud, en plus de la ré-interrogation de certaines certitudes scientifiques du Nord, a été de démontrer et de réaffirmer rigoureusement le primat du terrain sur le préconçu dominant.

Nous inscrivant dans cette même perspective, il paraît important de revenir sur un aspect rarement pris en compte dans la conception de ceux qui ont réduit les acteurs confrériques à de simples collaborateurs bienveillants du pouvoir politique en ignorant leur rôle multidimensionnel. Ils sont impliqués dans la résolution des crises politiques et montent au créneau lorsqu'il s'agit de négociations entre syndicats et gouvernements comme le fit très souvent le défunt Khalife général des Tidianes, Serigne Abdoul Aziz Sy Al-Amine de Tivaouane lors des moments « critiques » de l'histoire politique contemporaine.

En plus, depuis toujours, les confréries ont été des espaces de production d'un discours critique sur le pouvoir et ceux qui l'incarnent ainsi que sur des dimensions plus que liées à la nature du fonctionnement démocratique comme la justice et la « bonne gouvernance ».

Plusieurs personnalités émanant des confréries le démontre à suffisance dans leurs discours.

---

[51] Titre d'un article novateur sur le sujet co-signé par Abdourahmane Seck du Centre d'étude des religions et Cheikh Guèye d'Enda Tiers-monde dans l'ouvrage collectif, *État, Société et Islam et au Sénégal. Un air du nouveau temps ?*, Karthala, 2015, 288 p.

Les marabouts « lanceurs d'alertes » et l'affirmation d'un nouveau rôle politique

De la même manière qu'un certain Cadi Madiakhaté Kala composait un poème satirique en arabe pour douter de la sincérité de la conversion du Damel[52] du Cayor, certains chefs religieux se sont adressé à des gouvernants jugés comme des « potentats » pour leur rappeler l'impératif de justice dans la bonne conduite des affaires politiques. Dans cette même optique, une lettre de Cheikh Ahmadou Bamba, fondateur du Mouridisme est devenue célèbre pour son ton « critique » mais surtout par la manière dont il interpella un autre roi du Cayor du nom de Samba Laobé Fall. Cette forme de critique du type eschatologique insiste sur l'inanité et la fragilité de la position du pouvoir à l'épreuve du temps et du « décret divin ».

Dans cette lettre, Cheikh Ahmadou Bamba rappelle au roi que « tout homme injuste le regrettera un jour » et que « tout tyran assurera sa propre perte ». Il signale le caractère temporaire et surtout « éphémère » du pouvoir terrestre en ces termes :

« N'oublie jamais que la puissance que tu détiens et toutes les faveurs qui en découlent, ne te sont en vérité parvenus qu'à travers la mort d'autres personnes qui les détenaient avant toi et du fait que ces mêmes faveurs se sont départies de ces derniers pour de bon. Par conséquent, attends-toi à ce que ces mêmes privilèges te délaissent un jour de la même façon qu'ils te sont parvenus. Fais donc preuve de persévérance dans les actes qui te seront utiles dans les deux mondes, ici-bas et dans l'au-delà avant que tu ne tournes un jour, définitivement, le dos à ces avantages ou bien, que ceux-ci se détournent à jamais de toi.[53] »

En plus de son rôle de « régulateur social » qu'il jouait lors des grandes crises politiques, Serigne Abdoul Aziz Sy Al-Amine, khalife général des Tidianes décédé en septembre 2017, arrivait à

---

[52] Titre que portaient les rois du Cayor.

[53] Lettre traduite en français. Voir https://www.dakaractu.com/Contribution-Lettre-de-Cheikh-A-Ahmadou-Bamba-a-Samba-Laobe-Roi-du-djoloff_a13323.html.

saisir les opportunités et les moments de grande écoute pour développer un discours relevant plutôt de l'avertissement ou de « l'alerte précoce » à la manière des prospectivistes « profanes ». Sa profonde connaissance du milieu et de la classe politiques[54] lui permettait de s'adresser aux différents acteurs de l'opposition comme du pouvoir en toute liberté de ton. Lors des obsèques à la suite de la disparition de Cheikh Ahmed Tidiane Sy Al-Maktoum à laquelle toute la classe politique ainsi que les représentants des partis avaient assisté, il leur lança : « *Si vous n'arrêtez pas vos querelles, le pays basculera dans la guerre civile. (…) Ce que je vois venir n'augure rien de bon. Et vous n'aurez plus de temps pour vos partis politiques. Car, celui qui vous tuera sera à vos côtés. Mieux vaut donc arrêter vos querelles, sans quoi notre pays en sera détruit.*[55] »

Ces propos prononcés dans le contexte d'un climat politique tendu où un député de l'opposition parlait de « *répression des opposants* [56]» de la part du pouvoir de Macky Sall, prenaient tout leur sens dans le cadre d'une volonté de « conciliation » parfois difficile entre la doctrine du « soutien au régime en place » et l'impératif de tenir un discours de vérité transcendant les appartenances et les partis.

Tout de même, le style d'un tel discours rappelle, sur nombre de ses aspects, un appel à la « raison » et à l'apaisement du climat politique par des directives pour plus de concorde et de cohésion. D'ailleurs, Serigne Abdoul Sy Al-Amine et Serigne Cheikh Sidy Mokhtar Mbacké, défunt Khalife général des Mourides ont marqué le champ sociopolitique sénégalais par leurs appels à « l'unité » et à la « concorde » au point que leur khalifat a symbolisé un esprit de

---

[54] Lors d'une entrevue avec ce Cheikh à Tivaouane, après m'avoir demandé quelle était ma spécialisation (la science politique), il me dit en des termes assez sérieux : « nul ne connaît la politique sénégalaise mieux que moi ». Il faut dire qu'il a été impliqué dans nombre de réconciliations et de négociations à chaque fois qu'une crise majeure risquait de mettre à mal le fameux « contrat social sénégalais ».

[55] Propos reproduits par le journal l'Observateur n°4046 du lundi 20 mars 2017, pp. 1-5.

[56] Journal l'Observateur, *ibid.*, p. 3.

« cohésion » jamais retrouvé depuis celui de Cheikh Abdoul Aziz Dabakh, décédé en 1997. Ce dernier était aussi connu pour son discours appelant à la justice et à l'équité notamment en direction des institutions parlementaires et judiciaires.

Dans la même tradition d'un discours sur la « moralisation » des institutions, Serigne Moustapha Sy, le chef charismatique des Moustarchidines, un mouvement proche de la Tijaniyya engagé dans le champ politique depuis plus de trente ans, interpelle aussi l'institution judiciaire qui semble être l'organe le plus critiqué de l'État à la veille des élections présidentielles de 2019. Lors d'une importante rencontre aux lendemains de la révocation du Maire de Dakar par décret présidentiel, il pousse plus loin la critique en la liant à « l'impartialité » de la justice ainsi que son « instrumentalisation » par l'État qui, pour lui, sera source de damnation des juges en tant que « pensionnaires majoritaires de l'enfer » :

> « *Vous savez, ce que l'on nomme Qâdî, le juge en Arabe ; maintenant c'est facile de juger parce que toutes les décisions sont politiques. (...) le Prophète (PSL) a raconté sa visite du paradis et de l'enfer (lors de son ascension). Ce qui l'en a le plus étonné c'est que la majeure partie des pensionnaires de l'enfer sont des juges. Ils ne faisaient que juger les gens comme cela les arrangeait. Une fois devant Allah Il les Jugera à son tour selon la justice Divine leur Montrant qu'Il est le sommet de la justice. C'est pourquoi, le sens de la responsabilité est important. (...) La justice a ses propres règlements que l'on doit suivre et appliquer. Une fois que c'est fait, celui qui doit l'exécuter aussi doit avoir une certaine moralité qui doit être le principal critère du choix d'un juge.* [57]»

Il y a donc toute une tradition de rapport critique envers le pouvoir longtemps négligé dans les analyses qui se sont focalisées sur des relations de subordination ou de clientélisme, tellement certains spécialistes ne parvenaient pas à se départir du poids d'un

---

[57]   Vidéo   visionnée   le   3   septembre   2018   sur   ce   lien
https://www.youtube.com/watch?v=34Ri3VBfP0E.

héritage encore marqués par les dérives d'une « sainte alliance » qui a façonné l'esprit anticlérical.

La même prédisposition d'esprit qui prévalut chez les fondateurs arrive à se perpétuer avec une nouvelle génération de chefs religieux introduisant dans la critique du pouvoir une dimension, de loin, plus contestataire.

Ces dernières années, des personnalités religieuses émanant de différentes confréries se sont distinguées sur ce terrain. Il est vrai qu'il y a une hybridité des rôles entre un engagement citoyen et l'usage fait de l'espace confrérique et des moments de prise de parole « religieuse » qu'il offre pour investir le champ politique.

Serigne Mansour Sy Djamil[58] dont on a parlé plus haut a été de tous les combats en partant des Assises Nationales en plein régime de Wade à la célèbre manifestation du 23 Juin 2011 pour pousser ce même président à retirer un projet de loi qui devait instituer ce que l'opposition qualifiait de « dévolution monarchique du pouvoir ».

Aujourd'hui, il est encore aux avant-postes de la critique de ce que les opposants et la société civile appellent « l'instrumentalisation de la justice » par le Président Macky Sall suite à l'emprisonnement du Maire de Dakar, Khalifa Sall et « l'exil forcé » au Qatar, du fils de l'ancien chef de l'Etat Abdoulaye Wade.

Encore très marqué par le vocabulaire « révolutionnaire », le « marabout de gauche » s'attaque à « l'absence d'indépendance de la justice » dans une tribune largement diffuse par la presse en parlant de « guillotine » de l'institution judiciaire au Sénégal dans ces termes :

« Le 30 aout, jeudi noir, restera dans l'histoire du Sénégal comme la journée tragique des guillotines durant laquelle Macky Sall a tenté impitoyablement d'éliminer des adversaires potentiels aux élections de

---

[58] Pour le cas de ce marabout, il est difficile de considérer son engagement comme celui d'un « simple » marabout sous le manteau religieux. Il a été de tous les combats politiques de l'Afrique contemporaine, déjà dans le mouvement étudiant africain à Paris aux côtés des grandes personnalités de la gauche, habitué de Georges Marchais et d'autres acteurs politiques de l'époque.

2019. C'est ce qui nous réconforte dans notre conviction que Macky Sall est inquiet et affaibli ! Néanmoins, je suis lassé par tant de trahisons, fatigué par cet abaissement de l'intelligence et de la dignité, déçu par tant d'ignominies [59]».

Le responsable religieux usa, ainsi, d'un vocabulaire rarement trouvable dans les discours politiques les plus critiques au moment où, dans le pays, certains observateurs et analystes parlaient d'une société civile qui se serait « ramollie. Cette fonction de porter la « parole du peuple », le marabout l'assumera de manière très explicite à travers un langage parfois prosaïque rappelant les discours fleuve des mouvements de gauche des années 1970 :

« *Je dis ma colère devant la férocité des responsables politiques de ce pays, ma hantise devant les tyrannies qui renaissent, mon effroi devant la fachosphère qui s'installe et ma tristesse devant les carrières brisées [60]».*

Restant sur cette même ligne inattendue des religieux longtemps conçus comme des suppôts du pouvoir politique, il conclura sur un ton plus solennel en s'adressant directement aux acteurs de l'institution judiciaire :

« *L'image de notre pays a été inexorablement abimée par ce qui vient de se passer. Quand dans un pays les critiques les plus acerbes sur l'indépendance de la magistrature viennent des magistrats eux-mêmes au niveau le plus élevé entraînant leurs démissions des instances dirigées par le Président de la République lui-même pour déficit de transparence.[61]»*

---

[59] Voir la tribune de Serigne Mansour Sy Djamil intitulée « 30 août, jeudi noir, journée tragique des guillotines », publiée sur le site d'informations dakaractu.com, sur ce lien https://www.dakaractu.com/Jeudi-noir-jeudi-de-guillotine-la-reaction-de-Serigne-Mansour-Sy-Djamil-a-la-condamnation-de-Khalifa-Sall_a156947.html. Consulté le 2 septembre 2018.

[60] *Ibid.*, même lien consulté à la même date.

[61] *Ibid.*, même lien consulté à la même date.

Les prêches religieux : nouveaux lieu de cristallisation de la contestation politique

Un imam de la ville de Thiès, Tamsir Ndiour, était connu pour ses prêches politiquement engagés et attiraient la curiosité des médias lors des grandes célébrations religieuses. Il semble avoir fait des émules non seulement dans les milieux réformistes, mais de plus en plus dans les centres confrériques. Malgré les réserves notées chez les khalifes qui sont plus nuancés dans leurs prises de position sur les questions politiques, les imams des mosquées de cités religieuses s'affirment de plus en plus comme porteurs d'un discours contestataire.

À Touba, l'imam de la mosquée d'Alieu, Serigne Ahmadou Rafâ'î, fils de Serigne Fallou Mbacké, second khalife général des mourides se distingue par un discours assez tranché sur les questions sociopolitiques au point d'attirer nombre de jeunes à la recherche d'un certain renouveau dans la confrérie.

Dans un contexte politique tendu avec une montée des contestations politiques, des chefs religieux développent un discours assez politique au sens d'une tentative de prise en charge d'une contestation plus globale dépassant les seules préoccupations religieuses et confrériques.

C'est le cas de Serigne Fallou Mbacké Dioumada, chef religieux de la confrérie mouride et imam de la mosquée de Darou Tanzil à Touba dont le discours lors de la célébration de la Korité, marquant la fin du Ramadan 2018 pourrait être le prototype d'une nouvelle forme de contestation islamisée qui n'est plus l'apanage des mouvements salafistes.

Ce type de discours s'articule sur l'expression d'une critique partant du religieux pour aborder toutes les autres questions mais avec une nette volonté de donner de la voix à une contestation plus globale.

Critique du « ras-le-bol » et rejet de la classe politique

Le marabout s'essaie d'abord à la thématique du « rejet de la classe politique » prenant en charge des revendications diverses en empruntant un langage que l'on attendrait plus de mouvements de jeunes, d'organisations syndicales ou encore de partis d'opposition au régime actuel. Certains parlent même d'une « y en a marrisation[62] » progressive du discours critique des religieux sur le politique tel que remarqué sur ces extraits :

« Ce gouvernement nous étouffe, il nous fatigue, avec des personnes âgées de plus de 70 à 80 ans qui s'éternisent au pouvoir depuis les indépendances sans laisser la place aux plus jeunes, pourtant dynamiques et compétents. Ils ne veulent pas céder le pouvoir aux plus jeunes, en plus ils ne font que mentir. Tout ce qu'ils disent le matin, ils disent le contraire le soir. Ce ne sont pas des exemples qui peuvent diriger ce pays. Tout ce qu'ils disent c'est des mensonges et pourtant les populations les croient. Si quelqu'un ne raconte que des contrevérités, il ne faut pas lui faire confiance. Et c'est ce que l'on constate avec cet exécutif dirigé par Macky Sall qui est le président. Je n'ai pas l'habitude de dire des choses que je ne maitrise pas. Je ne l'ai jamais entendu dire de mauvaises choses ; mais son entourage est composé de menteurs. Les ministres de son gouvernement sont d'une certaine mauvaiseté, à chaque fois qu'ils ne sont pas contents, ils disent beaucoup de mal de lui et se taisent à sa présence comme de véritables hypocrites. Et chacun d'eux fait quelque chose qui mérite qu'on l'enferme [63]».

---

[62] Allusion au mouvement contestataire « Y en a marre » né lors des luttes politiques des jeunes contre le pouvoir d'Abdoulaye Wade.
[63] Transcrit à partir d'une vidéo sur ce lien https://www.youtube.com/watch?v=BZGAPEvD6o4. Consulté le 3 septembre 2018.

Une dénonciation des « incohérences » et de la « non-islamité » de la gouvernance

Partant de la même démarche que les mouvements salafistes ou réformistes, Serigne Fallou Mbacké Dioumada fonde sa critique du pouvoir politique sur son caractère « non islamique ». Toutefois, il adopte une stratégie discursive exploitant les failles et les incohérences de l'action politique ainsi que les positions contradictoires qu'adoptent les tenants du pouvoir :

> « *En plus ils ne font rien pour l'Islam. Au contraire, tout récemment Sidiki Kaba (NDLR ministre des affaires étrangères) est allé en Israël, portant la kippa juive pour prier sur le mur des lamentations. Pourtant il se réclame musulman. Et c'est le Sénégal qui dirige le comité pour l'exercice des droits du peuple de la Palestine. C'est d'une hypocrisie notoire, c'est ça être hypocrite. Il faut croire ou ne pas croire.* [64]»

Une critique des institutions non représentatives des citoyens

A l'instar des acteurs de la société civile, le marabout s'exerce aussi à la critique des institutions comme le parlement. Surfant sur le discours ambiant d'une certaine crise de la représentativité dans le système démocratique, il en profite pour élaborer une critique de ceux qui incarnent le pouvoir législatif :

> « *Le parlement que dirige Moustapha Niasse est encore pire. Les députés qui y siègent ne savent même pas ce qu'ils représentent. Un député qui se permet de défendre un ministre de la République venu présenter son travail à l'Assemblée Nationale au lieu de défendre les intérêts du peuple. Et le président Niasse, vu son âge, devrait accompagner les jeunes ou leur laisser la place. Il se lance dans des disputes au point de menacer ceux qui l'interpellent en des termes guerriers : « en dehors de l'hémicycle, tu ne m'aurais pas tenus ces propos » ; c'est honteux ! On doit changer la façon*

---

[64] *Ibid.*, consulté le 3 septembre 2018.

d'élire nos députés, parce que ceux qui sont à l'Assemblée (nationale) actuelle ne nous représentent pas. Ce sont les listes (présentées par les partis) qui les conduisent là-bas. Si cela ne dépendait que du choix du peuple ils n'auraient jamais été députés. [65]»

Par un souci d'établir un lien constant entre la gouvernance et la conformité aux préceptes religieux, le marabout revient, dans ses prêches sur des éléments mobilisateurs tels que ceux militant en faveur d'un rejet des politiques publiques à cause de leur « non islamité » :

« Il faut être très regardant sur le choix des élus, Serigne Touba disait qu'il est défendu à tout musulman de faire une chose dont il ne connait pas la justification en Islam. Alors, élire des députés qui peuvent voter des lois pour légaliser l'homosexualité, la Franc-maçonnerie ou la mafia c'est irresponsable. Ces députés-là sont vomis par le peuple à cause de leur comportement. Ne pensez pas que nous l'ignorons ou que nous soyons fous, c'est juste que nous ne pouvons rien faire pour le moment. Mais nous prions Allah par la grâce de Serigne Touba de nous donner de bons musulmans comme députés. [66]»

Une critique de l'institution judiciaire

Avec l'actualité politique marquée par des procès dont le déroulement est critiqué par l'opposition et la société civile sénégalaise, le marabout prend en charge la question de l'indépendance de la justice, devenu un des thèmes majeurs du débat politique actuel au Sénégal :

« Quiconque parle des magistrats est arrêté. Les magistrats se prennent pour des demi-dieux, mais il faut se rappeler la tombe. (Pour ce qui est) des jugements qu'ils rendent, tout le monde sait qu'ils sont partiaux. On peut être plus fort mais pas plus intelligent que tout le

---

[65] *Ibid.*, consulté le 3 septembre 2018.
[66] *Ibid.*, consulté le 3 septembre 2018.

monde, il suffit de réfléchir pour comprendre que ce qui se passe dans la justice sénégalaise est injuste. Dans un pays si la justice est partiale, c'est dangereux pour la stabilité du peuple. Une justice doit être indépendante. [67] »

La récupération du « tous les mêmes » : une contestation de la légitimité politique

Une des thématiques récurrentes de la contestation politique est celle du « tous les mêmes » en ne faisant pas de différence entre les acteurs, qu'ils soient du pouvoir comme de l'opposition. Dans le discours politique largement présent lors des prêches, les chefs religieux essaient aussi de s'engouffrer dans cette brèche discursive afin de mieux se situer, de manière pertinente, sur le terrain de la critique :

« *On ne doit pas élire ce genre de personnes mais tous ceux qui sont au pouvoir se comportent comme ça. Ils sont tous pareils, pouvoir comme opposition. Ceux qui sont au pouvoir actuel nous tenaient un discours comme celui de l'actuelle opposition. Dès qu'ils accèdent au pouvoir le discours change.*[68] »

Ensuite, l'imam procède à une forme d'avertissement en interpellant directement les tenants du pouvoir non sans s'adresser aux marabouts et acteurs religieux pour un « retour aux fondamentaux ». La chute d'un tel discours se veut toujours visionnaire avec un ton assez « moralisateur » aussi bien pour les hommes politiques mais aussi les religieux qui n'échappent pas à la critique formulée par ce cheikh de la confrérie mouride :

(…..) Je lance encore une fois un appel au président Macky SALL, les gens sont fatigués. Il a décrété cette année sociale, c'est une bonne chose, mais il ne faut pas le faire avec une politique politicienne. C'est Allah qui

---

[67] *Ibid.*, consulté le 3 septembre 2018.
[68] *Ibid.*, consulté le 3 septembre 2018.

donne le pouvoir par Sa Magnanimité, et le Retire quand Il veut sans avertir. Abdoulaye WADE ne s'était jamais imaginé que Macky SALL serait son successeur. Il faut que Macky SALL travaille sans s'occuper d'avoir un deuxième ou troisième mandat. Toutes les bonnes personnes le regardent et pourront juger. Il faut qu'il aide les travailleurs. Que les marabouts retournent aux champs avec leurs disciples. Qu'il aide en équipements tout marabout qui accepte de bien travailler. Les marabouts aussi doivent orienter les gens vers le droit chemin comme Serigne Touba l'avait recommandé. Ainsi Allah Aidera notre peuple par la Grâce de Mohammed, que la paix et le salut soit sur lui. [69]»

La prise en compte et l'analyse de ces discours édifient sur la complexité du champ politico-religieux au Sénégal de même que la pertinence d'une démarche favorisant une revisite constante du terrain. Il est clair qu'une telle démarche aiderait à nuancer les clivages entre discours confrériques et réformistes au regard des nouveaux modes d'engagement des acteurs religieux.

Ces mutations de la sphère politico-religieuse du Sénégal introduisent une nouvelle dynamique que les études africanistes n'arrivent pas à capter lorsqu'elles se cantonnent à des paradigmes rarement renouvelés.

---

[69] *Ibid.*, consulté le 3 septembre 2018.

2. LE MILITANTISME ISLAMIQUE À L'ÈRE DES DIPLOMATIES RELIGIEUSES

Entre mutations internes et défis de la transnationalité

L'islam sénégalais avait déjà bien évolué depuis les années 1950 avec la naissance de mouvements dits réformistes s'inspirant à leur origine du salafisme voire du wahhabisme venus du Maghreb et d'Orient.

Mais le paradoxe géopolitique du Sénégal est qu'il symbolise, en même temps, la profondeur africaine des pays et organisations arabes et islamiques et l'allié traditionnel des puissances occidentales. Ce pays ayant accueilli deux fois un sommet de l'Organisation de la Coopération islamique (OCI), membre de l'*Islamic Educational Science and Culture Organisation* (ISESCO), de la Ligue islamique mondiale (LIM) et de l'Association mondiale pour l'appel islamique, fait aussi partie du pré-carré géopolitique français en Afrique.

La crise malienne et les mutations géopolitiques dans le Sahel n'ont pas été sans conséquences sur l'évolution de l'islam sénégalais et la perception que les acteurs eux-mêmes en ont toujours eue.

Les expressions radicales de l'islam sont encore minoritaires dans le pays malgré une vague de contestation de l'islam confrérique, représentant, pour les mouvements islamistes, un frein à « *la réalisation d'une société véritablement islamique* ».

La majorité des musulmans du pays estiment que l'islam est une « *religion de paix, de tolérance qui privilégie le dialogue à la contrainte* ». Il y a encore un rejet assez massif du « djihadisme » tel qu'il est revendiqué par Ansar ad-Dine ou encore le MUJAO[70] avec une forte valorisation du « Djihâd Nafs[71] » largement promu par les enseignements de Cheikh Ahmadou Bamba, le fondateur de la confrérie mouride. D'autres figures confrériques, telles qu'Abdou Aziz Al-Amîn, ont eu à présider des manifestations religieuses où la question de la radicalisation était discutée par les intellectuels. Ce fut le cas du symposium qui a précédé le Mawlid de Tivaouane en 2015 dont le thème était « Face aux radicalismes, quelle réponse de l'école de Mawdo ?»

Aussi rassurante que puisse être une telle position dominante, elle ne doit pas occulter le fait que, justement, les catégories pouvant basculer dans la violence sont précisément celles issues des couches non-majoritaires.

Le discours minoritaire favorable à l'extrémisme est néanmoins présent dans plusieurs sphères de la société sénégalaise, notamment, dans les périphéries urbaines, parmi les populations les plus jeunes[72]. Le Sénégal où il y avait une attitude dominante de déni du fait radical, vient de boucler les premiers procès pour terrorisme de son histoire avec plus de trente prévenus dont certains ont combattu au Nigéria mais aussi en Libye.

Toujours est-il que, s'il existe un radicalisme religieux rampant, les Sénégalais ne semblent pas encore le percevoir, ou plutôt, en connaitre les manifestations, considérant que le pays ne présente pas les mêmes caractéristiques que le Mali et les confréries le prémuniront toujours contre ce genre de situation. Il y a même eu, au début de la crise malienne, une sorte de politique du déni

---

[70] Ansar Dine et Mujao (Mouvement pour l'unicité et le jihad en Afrique de l'ouest) sont deux mouvements djihadistes qui ont émergé suite à la crise du Nord Mali en 2012.

[71] Combat intérieur contre le mal qui est en nous-mêmes, contre la passion de l'âme.

[72] Voir à ce propos l'étude du Timbuktu Institute sur « Facteurs de radicalisation et perception du terrorisme chez les jeunes de la grande banlieue dakaroise », novembre 2016.

compréhensible au regard de l'importance pour le gouvernement de développer le tourisme et d'attirer les investissements étrangers.

Les confréries sont encore largement considérées comme des remparts contre les influences extrémistes. Cette perception est tenace et basée sur une forme de croyance à un caractère du Sénégalais naturellement non violent et ne pouvant adhérer aux idéologies prônant la violence.

Les auto-immolations devant les grilles du palais présidentiel, sous l'ère Wade et au début du mandat de Macky Sall, ou encore les scènes de violence précédant les élections présidentielles de 2012, semblent vite passées aux oubliettes et ne sont pas ressenties comme des signes de la profonde mutation de la société surtout dans son rapport à la violence en général.

Mais le mythe du « Sénégalais naturellement non violent » semble rassurer ceux qui ignorent cette mutation d'une société en pleines interrogations en présence d'une jeunesse en quête de sens et de chance.

Pourtant, de nombreux courants islamistes, allant des Frères musulmans au salafisme, y compris dans son orientation wahhabite, sont présents au Sénégal et se sont renforcés depuis le milieu des années 80. Leur prédication est basée sur le rejet des confréries soufies considérées comme une « *déformation de l'islam pur* » qu'ils veulent restaurer. Cet état d'esprit est exactement celui des courants dits « *takfiristes* », c'est-à-dire excommunicateurs, et, en général, préalable à l'appel au « djihad » contre la société « impie ».

Dans cette configuration, ce sont les pratiques des confréries et acteurs considérés comme « anti-islamiques » qui deviennent leurs cibles comme tout ce qui s'apparente à « l'Occident » ou s'en inspire.

L'État, surtout dans sa forme « laïque » est une cible de choix du discours islamiste. Sur ce plan, les positions militaires et diplomatiques de l'État sénégalais sont assez significatives pour en faire un pays exposé aux menaces de mouvements djihadistes.

Cependant le discours islamiste sur ces différents aspects semble plus nuancé depuis la crise malienne dans un contexte d'une forte surveillance policière et d'une pression internationale.

Entre évolution des discours et influences extérieures

Encore profondément marquées par l'étude d'un confrérisme[73] « pacifique » auquel s'opposent des mouvements « réformistes », les recherches sur l'islam au Sénégal prennent rarement compte de l'évolution des discours religieux depuis les années 1970[74] en tant que signe d'une dynamique sociopolitique nettement observable.

La littérature[75] sur le sujet semble figée dans une lecture binaire qui conçoit, d'un côté, un islam confrérique, qu'il s'agisse de la Tijaniyya, du Mouridisme, des Layenes ou de la Qâdiriyya, concurrencé ou contesté, de l'autre, par un mouvement réformiste, comme Jama'atou Ibadou Rahmane (dont l'idéologie est proche de celle des Frères musulmans avec des ramifications estudiantines au sein des campus de Dakar et de Saint-Louis) ou Al-Falah. Ce mouvement d'obédience salafiste wahhabite et d'émanation saoudienne est pour l'instant loin du combat politique et prône plutôt un piétisme similaire aux mouvements salafistes du Maghreb et du Moyen-Orient. Un tel courant est, aujourd'hui, renforcé par le Dârul Istiqâma dirigé par Ahmad Lô à la tête de

---

[73] L'islam confrérique se réclame du soufisme qui est un courant spiritualiste se démarquant du légalisme politique et donnant plus d'importance à l'esprit qu'à la lettre des textes sacrés ou sacralisés.

[74] On peut citer Cheikh Ahmad Lô du mouvement Istiqâma, l'imam Mamour Fall de Kaolack qui a fait allégeance à Ben Laden, tous les fondateurs du mouvement islamique des années 50 tels qu'Ahmed Iyane Thiam, Cheikh Touré. Il y a aussi, paradoxalement, beaucoup d'anciens communistes tels que l'imam Mbaye Niang du MRDS et Massamba Diop de Jamra.

[75] Cette littérature est surtout dominée par les chercheurs politologues français qui n'ont pas pris en compte l'évolution de l'islam au Sénégal, leurs hypothèses encore largement fondées sur des grilles de lecture datant de l'époque coloniale. Une nouvelle génération tente de décoloniser les paradigmes.

L'École Supérieure Africaine d'Études Islamiques basée à Pikine dont l'enseignement est proche du curriculum de l'Université islamique de Médine d'où il fut diplômé après une thèse controversée sur le soufisme et ses pratiques, notamment au Sénégal.

De ce fait, en érigeant encore l'islam confrérique soufi comme un bouclier contre l'extrémisme islamiste, on semble oublier que, depuis les années 70, suite à l'émergence d'une élite arabophone issue des universités arabes et/ou islamiques contestant l'hégémonie des cadres francophones désignés comme responsables de la faillite du pays depuis l'indépendance, s'est développé le mythe de la « conscience islamique ».

Ce mythe traverse toutes les sphères, y compris confrériques. Il consiste à revivifier un sentiment d'appartenance à l'Islam vu comme une communauté transnationale devant donner lieu à des solidarités « mécaniques ».

De plus en plus, ce mythe de la « conscience islamique » s'érige en un véritable courant politique, captant les idéologies exogènes : salafisme, wahhabisme, voire djihadisme. En plus, les déçus du courant confrérique, parfois trop marqué par des relations complexes avec le pouvoir politique s'orientent aujourd'hui, vers un islam dit « rationalisé et moderne ».

Ce nouveau courant recrute même dans l'élite intellectuelle francophone du pays. C'est un courant transversal sensible aux revendications de l'islamisme mondialisé et crée des catégories de musulmans « déterritorialisés » qui peuvent être la cible idéale pour être embrigadée par le djihadisme international, surtout qu'AQMI, dans le cadre de la modernisation de son image, investit de plus en plus les réseaux sociaux y compris ouest-africains.

Même si, pour l'heure, les confréries arrivent à jouer ce rôle de rempart contre l'islamisme radical, il ne faudrait pas perdre de vue le caractère de plus en plus transnational des acteurs islamiques comme des idéologies. L'islam sénégalais est en plein cœur de ce tiraillement entre un mode de religiosité locale et les influences et appartenances de plus en plus mondialisées, surtout dans un espace sahélien des plus instables.

Afin de mieux s'adapter, l'islam, au Sénégal a su se conformer aux réalités socio-historiques des populations qu'il a conquises. Au-delà de leur rôle purement religieux, les confréries et leurs marabouts sont impliqués dans tous les domaines de la vie sociale, économique et politique. En plus des acteurs religieux, les organisations confrériques sont devenues de véritables forces sociopolitiques incontournables au Sénégal. Malgré l'émergence de mouvements islamistes venus critiquer, parfois à juste raison, un certain immobilisme et l'archaïsme de leurs structures, leur force est encore une réalité dans le pays.

L'islam confrérique est considéré, aujourd'hui, comme le principal rempart contre l'islamisme radical qui secoue plusieurs régions du monde et du Sahel. Cependant, il faudrait être attentif aux évolutions récentes marquées par la déception de certaines couches sociales, jeunes et intellectuelles, vis-à-vis des confréries vues comme des alliés du pouvoir politique contesté mais aussi à l'influence grandissante des doctrines et nouvelles idéologies venues du monde arabe.

Seule une prise en compte de ces nouvelles réalités pourrait aider à une meilleure compréhension de l'islam au Sénégal qui, à vrai dire, n'a jamais été en périphérie du monde musulman. C'est dans ce sens qu'il faudrait appréhender les éventuelles retombées des crises sahéliennes et du Moyen-Orient sur l'évolution de cet islam certes « local » mais n'échappant pas à la logique des appartenances de plus en plus transnationales et mondialisées.

Un islam politique en mal de repères ?

Malgré un activisme débordant et une occupation du terrain médiatique notamment les réseaux sociaux, les tendances islamistes elles-mêmes en arrivent à constater une certaine faiblesse et un manque de vision qui auraient fait de ce courant le principal perdant des dernières élections législatives au Sénégal, en juillet 2017.

Un tel discours aux relents d'une nouvelle forme d'autocritique est souvent relayé par les supports de communication numériques tels que le site Web à travers lequel s'exprime le plus souvent ce courant.

Ainsi, le chef de file du Rassemblement islamique du Sénégal, Cheikh Mokhtar Kébé, se fendait d'un texte dans ce sens au lendemain des élections sous le titre « *Le mouvement réformiste est le premier perdant de ces élections* [76]».

Pour cet important leader de la mouvance « frériste » qui incarne une forme de modération le rapprochant de toutes les tendances, le mouvement islamique a connu un recul notoire par rapport à ses précédentes « performances ».

Il refait le tour de ce processus tout en déplorant l'absence de stratégies adaptées : « *Nous avons pu (de par le passé), avec l'aide de Dieu, imposer la présence politique de ce courant à travers l'opposition farouche au régime socialiste, la participation active à l'alternance politique de 2000 et d'influencer (sic) le référendum constitutionnel en 2001. Puis nous avons créé le Parti MRDS dont l'objectif de sa création était qu'il soit le bras politique des composantes du courant réformiste. Bien que nous n'ayons pas réussi à convaincre le courant réformiste (sic) à cause des erreurs commis au début (sic) ou à cause des intentions inavouées, malgré cela, nous avons réussi à créer une situation politique qui nous a donné des gains politiques non négligeables.* »

Cheikh Mokhtar Kébé évoque, en même temps, dans cette tribune, une évolution défavorable qui serait due à la rupture d'avec ce qu'il appelle « la stratégie de la confrontation » et qui, selon lui, se basait sur un « discours politique équilibré à travers la formulation de recommandations et en insistant sur l'éthique ».

---

[76] À l'origine, la tribune a été publiée dans le site www.justemilieu.sn où il n'a pas été possible de la retrouver par la suite. Un entretien téléphonique avec l'auteur le 24 août 2018 nous permet d'en confirmer la paternité.

Cependant, il ne manquera pas de pointer du doigt les faiblesses et divisions au sein des mouvements islamiques au moment de l'adoption des stratégies qui selon lui ont pu produire des résultats bénéfiques à la « cause islamique ». Il cite notamment la mise en avant « d'éminents prédicateurs islamiques réformistes connus par leur fidélité au projet réformiste ».

Cependant, il tient à préciser : « *Même si le choix de ces personnes a suscité l'opposition de certains individus (…) il a été un choix stratégique qui a contribué à l'émergence des gens comme l'Imam Mbaye Niang, Dr Mouhammad Said Ba, l'Inspecteur Fadel Sarr, Imam Yousouf Abdoul Rahman Ka, Feu Momar Sarr, l'activiste Ummu Baraka, le compagnon Ahmad Loum Samb, El Hadji Ammar Lô, le frère Hassan Lô, Cheikh Tahir Fall et autres... Ceci a contribué à changer la donne sur la scène électorale. Puis nous avons maintenu cette démarche lors des élections législatives de 2012 avec les participations remarquables d'ouztaz Alioune Sall, l'Imam Ahmad Dame Ndiaye, l'imam Fadel (sic) Nall et d'autres... »*

Ces déclarations montrent bien des facettes de la stratégie de dissimulation du projet politique et qui pousse les mouvements islamistes à se complaire dans la soft-politique afin de ne pas attirer l'attention des pouvoirs publics sur leur volonté de s'exprimer sur le terrain politique même sous un manteau religieux.

Le débat suscité par la crise sahélienne et les évènements du Mali qui ont accentué la surveillance des mouvements islamiques dans la région, a été pour beaucoup dans ce repli des courants politisés de l'islam sénégalais.

Mais, contrairement à des analyses n'ayant pas pris en compte les phénomènes de repli stratégique que l'on observe souvent chez ces mouvements, le projet politique semble n'avoir jamais été abandonné. D'ailleurs ce courant ne cesse de se remobiliser pour peser lors des prochaines échéances électorales comme le suggère Cheikh Moctar Kébé en ces termes : « *Nous pourrions surmonter la mauvaise performance de ces élections par un dialogue sérieux pour reconstruire le mouvement islamique à travers un projet consensuel ou une ambition unitaire* ».

Signes de rapprochement ou d'inter-manipulation ?

Malgré un discours assumé contre l'extrémisme à travers ses différentes interventions, les dernières décisions éminemment politiques du gouvernement de Macky Sall laisseraient croire à des rapprochements ou de dégel entre ce dernier et les mouvances islamistes. L'interprétation d'un tel fait peut être diverse : s'agit-il de mesures purement électoralistes ou plutôt d'efforts consensuels pour l'apaisement d'un climat sociopolitique si tendu ? Ou encore une nouvelle dynamique pour casser le monopole confrérique du contrôle du discours religieux surtout s'il devait avoir un réel poids et une légitimité sur le terrain politique ?

Lors d'une émission sur Radio France Internationale sur l'islam au Sénégal, une personnalité confrérique du nom d'Ahmed Khalifa Niass osera même affirmer de manière exagérée mais significative que le président aurait prié dans une mosquée « djihadiste [77]». Dite de cette manière, cette assertion montre tout de même une nouvelle évolution dans les rapports entre le pouvoir et les mouvances salafistes.

En juin 2018, Mohammed Ahmed Lô, fondateur du Dârul Istiqâma, une antenne idéologique de l'Université islamique de Médine, déclare lors d'une intervention en Arabie Saoudite que l'État du Sénégal lui aurait cédé une surface de 70000 m² pour la construction d'une université régionale « moderne ».

Suite à une levée de boucliers de certains intellectuels sénégalais et de jeunes leaders religieux contre une telle « décision », un conseiller spécial du premier Ministre est monté au créneau, dans les réseaux sociaux, pour dire que cette université

---

[77] Émission « Le Débat africain » sur Radio France Internationale. Voir http://www.rfi.fr/emission/20160703-comment-le-senegal-fait-il-face-menace-djihadiste.

aurait simplement une vocation « scientifique et technologique». Aveu que ce projet existait bel et bien et qu'il aurait une caution politique à des niveaux assez élevés.

De même, plusieurs interrogations ont fusé au sujet de la libération « surprise » de l'Imam Alioune Badara Ndao après un emprisonnement « préventif » de près de trois ans suite à une arrestation musclée et des chefs d'accusation allant de l'apologie au financement du terrorisme.

Ce personnage poursuivi pour « apologie du terrorisme » et « association de malfaiteurs » et accusé d'être contre la nature républicaine de l'État et les « lois positives » qui l'administrent, était largement soutenu par les mouvances salafistes et les partisans de l'islam politique de même que des organisations de défense des droits humains. Ils voyaient dans son emprisonnement, un *diktat* des puissances occidentales sur le gouvernement sénégalais qui voulait, ainsi, selon eux, prouver un certain engagement dans la lutte contre le terrorisme.

Plusieurs hypothèses sont, pour l'heure, avancées entre une volonté étatique d'apaisement du climat politico-religieux et une éventuelle intervention de pays ou de mouvements religieux que l'on ne voudrait pas voir basculer vers certaines formations de l'opposition.

Dans un contexte préélectoral incertain, cette question d'un rapprochement entre pouvoirs publics et courants salafistes ferait même penser à un scénario malien où le camp wahhabite minoritaire est renforcé par le pouvoir politique au point de s'accaparer des instances représentatives de l'islam malgré sa situation assez minoritaire. Les premières révélations de l'ancien prisonnier accusé de terrorisme devenu « héro » et « martyr » à la fois commencent à soulever des interrogations lorsqu'il confie à la presse avoir reçu un émissaire du Président de la République[78] pendant son séjour carcéral.

Pendant ce temps, d'autres signaux de rapprochement entre les différents courants et tendances marquent le champ islamique sénégalais.

À la suite de débats houleux entre acteurs confrériques reprochant aux courants salafistes ou réformistes une volonté d'« importer » ou d'imposer de nouveaux modèles religieux, il s'est installé un climat lourd de risques d'affrontements futurs. Cet affrontement au moins idéologique est bien réel aujourd'hui notamment sur les réseaux sociaux avec la circulation de vidéos dont les contenus frisent parfois l'invective.

Des voix universitaires et de la société civile se sont élevées appelant à plus de dialogue entre les différentes tendances de l'islam sénégalais dans un « cadre unitaire » regroupant représentants confrériques et responsables religieux de la Jamâ'atu Ibâdu Rahmane, du RIS[79] etc..

Pour cette initiative, il faut noter le rôle de Cheikh Guèye, un géographe et chercheur sur les dynamiques religieuses, de Serigne Abdou Aziz Mbacké Majalis, Serigne Cheikh Tdiane Sy Al-Amine mais aussi des figures de la société civile et du monde universitaire, comme Fatou Sarr Sow, Mamadou Diouf, Penda Mbow, aux côtés d'Imam Amadou Makhtar Kanté, ancien imam du campus de Dakar et de Cheikh Mokhtar Kébé du Rassemblement islamique du Sénégal. Ce dernier mouvement représente, aujourd'hui, un courant ouvert à de telles formes de convergences au regard d'un discours « rassembleur » et modéré et surtout du leadership de son dirigeant Cheikh Mokhtar Kébé décrit comme un « homme de consensus » et de dialogue. C'est ce qui permet, certainement, au

---

[78] Cette confidence avait été faite au quotidien sénégalais L'Observateur avant d'être largement relayée par les sites d'informations https://www.leral.net/Revelation-de-Imam-Ndao-ce-que-j-ai-dit-a-l-emissaire-de-Macky-Sall_a230862.html (consulté le 11/08/2018).

[79] Rassemblement islamique du Sénégal qui a un discours assez modéré vis-à-vis des confréries comptant même en son sein des adeptes soufis.

RIS de regrouper des membres de confréries soufies comme la journaliste Hourèye Thiam Pereira active dans le cadre de tels rapprochements et le rejet des discours radicaux, mais aussi d'anciens membres des mouvements islamiques sénégalais.

Ces dynamiques sont le signe de profondes mutations d'un champ en perpétuel recomposition tranchant avec les schémas binaires et statiques des observateurs « de loin » voulant figer un islam sénégalais dont les acteurs empruntent des itinéraires aussi divers que les courants qui le structurent.

Pour mieux comprendre l'itinéraire assez complexe de ces mouvements et leur rapport au politique et surtout à l'institution étatique il sera utile de revenir sur l'histoire contemporaine de l'islam au Sénégal, de la naissance des confréries à l'émergence du courant réformiste avec ses évolutions récentes.

Le sénégal et le monde arabe : racines profondes d'un lien symbolique

Comme on pourrait le constater à partir du cas significatif du Sénégal, la religion musulmane a toujours été un facteur important de la vie sociale culturelle et politique en Afrique de l'Ouest avec la présence de multiples confréries. Ces dernières ont assuré le rôle de jonction et d'interprètes du dogme islamique universaliste dans des cultures longtemps – et encore - dominées par la « religion des Ancêtres », que d'aucuns appellent l'animisme.

Le monothéisme, ainsi professé, servit de lien historique quasi-naturel, parmi tant d'autres, entre l'Afrique subsaharienne et le Monde arabe.

Les communautés musulmanes d'Afrique subsahariennes n'ont jamais coupé le cordon ombilical qui le lie à ce qu'il est convenu d'appeler la *Umma*, traduit improprement, selon les acceptions, par «nation» ou «communauté» musulmane. Au cours de l'histoire, l'Afrique Occidentale a entretenu de réelles relations avec le Maghreb tout proche, via la *Sâqiat al-hamrâ'*, le Sud marocain, et même l'Arabie lointaine.

À la faveur de la crise sahélienne, ce que les nouveaux spécialistes des questions sahélo-sahariennes découvrent et appellent « réseaux transnationaux » a été une réalité historique depuis toujours étudiée et prise en compte par les historiens arabes. En effet, les routes transsahariennes ont, depuis le Moyen Âge, lié cette région au monde arabe.

Dès le XIe siècle, ce que les historiens arabes, à l'instar d'al-'Umarî et d'Ibn Batûta, ont dénommé *Bilâd al-Sûdân,* (le pays des noirs) est entré en contact avec les Arabes par le commerce de l'or, des esclaves, de la gomme « arabique » et du sel. Les richesses de l'Afrique « noire » de l'époque ont aussi profité aux célèbres empires médiévaux des Almoravides et même des Almohades. Cet état de fait repose l'éternelle question de la relation entre la cause et ses effets. En d'autres termes, l'islam s'est répandu par le biais du commerce, mais ce dernier a aussi profité des retombées produites par la « fraternité religieuse » et des liens forgés par l'appartenance commune à une religion.

Ainsi, le facteur islamique que l'on semble redécouvrir aujourd'hui avec la crise sahélienne, est pour beaucoup à la base du rapprochement des deux rives du Sahara.

Du moins, il aurait permis de réduire les énormes différences socioculturelles qui existent entre l'Afrique noire et le monde arabe. Même si les influences venues du nord du Sahara ont relativement contribué à modeler son destin, l'Afrique subsaharienne n'avait-elle pas, avant l'expansion de l'islam, une histoire propre qui correspondait à un environnement spécifique ?

Cette même question a ressurgi dans les esprits lors du déclenchement de la crise malienne où la volonté d'« islamisation » de la part des groupes « djihadistes » s'est traduite par la destruction des symboles et des marques africaines sur l'islam et sa civilisation : les mausolées des saints soufis et les manuscrits de Tombouctou.

Mais la question n'est plus, comme pouvaient le supposer en leur temps, les tenants du culturalisme, de différencier, de spécifier deux ou plusieurs cultures mais de s'interroger sur la manière dont le facteur religieux a pu servir de lien entre les Africains et le reste du monde musulman, et surtout les Arabes.

Ces rapports complexes ont été, depuis longtemps, négligés dans les travaux de recherche aussi bien des islamologues que des politologues, au sein des universités occidentales et africaines où une tradition de reproduction s'est malheureusement instaurée malgré les résistances d'une nouvelle génération.

Une telle absence d'intérêt se perçoit encore dans les analyses produites sur le dossier sahélien que certains laboratoires et *think tanks* européens considèrent comme une nouveauté. Ceci est-il le résultat du retard que la tradition universitaire contemporaine a toujours eu sur les historiens arabes ?

Lorsque l'on sait que le plus vieil émissaire européen, René Caillé n'arriva à Tombouctou que plusieurs siècles après al-Bakrî, en 1827, on ne peut qu'accréditer une telle hypothèse.

On semble l'oublier souvent : bien avant l'arrivée des sociétés de Géographie européennes et l'acharnement militaire du XIXe siècle, à l'ère industrielle, les princes du Mali et de Gao étaient devenus familiers des cours du Maghreb et de l'Égypte. Kankan (ou Mansa) Musa, l'empereur du Mali, avait déjà visité l'Égypte dès le XIVe siècle sur la route de son célèbre pèlerinage à la Mecque.

Rappelons-nous, à titre d'exemple, les ambassades du Kanem auprès du souverain hafsîde de Tunis (1274) ainsi que celles du Mali à la cour des Marînides de Fès en 1337 puis en 1348 et 1361 !

Ce qu'une certaine littérature sécuritaire aujourd'hui dominante lorsqu'il s'agit des interactions sahélo-saharienne appelle aujourd'hui « réseaux transnationaux » ou même « économie criminelle » est, en effet, une vieille réalité historique qui s'inscrit dans le cours naturel de l'évolution de la région.

Rappelons, d'ailleurs, qu'aux anciennes voies commerciales transsahariennes, s'étaient ajoutées les routes du pèlerinage, avec l'islamisation première des élites africaines.

Ainsi le Jérid tunisien, Ghadames ou encore Touât et Tripoli étaient reliés à Tombouctou à Gao et au Tékrour (rive gauche du fleuve Sénégal), désormais en contact avec les ports du Maroc de Tlemcen ou encore de Bougie (Bijayya en Algérie). Les relations arabo-africaines avaient pris un tournant décisif avec l'islamisation de l'Occident africain et était devenues un des enjeux politiques majeurs pendant le Moyen Âge où les bouleversements sociopolitiques qui secouèrent le Maghreb arabe n'étaient pas sans conséquences pour les royaumes africains.

Les confréries soufies, avec le déplacement de leurs marabouts et cheikhs, accentuèrent le phénomène aux XVIIIe et XXe siècles. Ainsi, la Qâdiriyya avait très tôt traversé le Sahara avant de devenir le cadre par excellence d'échanges culturels et spirituels entre la Sénégambie et la Mauritanie voisine.

Comme le dit si bien Joseph Cuoq, « le désert n'est point une muraille isolant du reste du monde, c'est une mer intérieure invitant à passer d'un bord à l'autre [80]».

De ce point de vue, l'hypothèse d'un facteur islamique comme revivifiant des relations arabo-africaines ne fait que se consolider. Mieux, on peut le considérer comme l'une des bases historiques sur lesquelles s'est fondée la réelle « coopération » qui a lié les deux rives du Sahara et l'Atlantique à la mer Rouge en passant par la vallée du Nil.

Certes, d'autres facteurs, comme l'esclavage – souvent occulté - et des hostilités politiques, sont des données constantes des rapports arabo-africains. Mais l'islam a, par la suite, facilité le tissage de vastes réseaux d'échanges aussi bien économiques, politiques que socioculturels. L'on se souvient, dans ce cadre, que

---

[80] Voir l'introduction de Joseph Cuoq, *Recueil des sources arabes concernant l'Afrique Occidentale*, Paris, CNRS, 1985, p. 25.

l'or africain avait beaucoup contribué à la frappe des monnaies Fâṭimides, Hafsides et même Umayyades.

De telles questions méritaient d'être posées dans le cadre d'approches sérieuses pour tenter de faire le point sur le débat complexe et houleux quant au véritable enjeu de la religion musulmane dans les relations entre Arabes et non Arabes, en général, et les Africains en particulier. Hélas, il aura fallu attendre la crise sahélienne et l'émergence des réseaux qui menacent la stabilité de la zone sahélo-saharienne pour s'en préoccuper !

Les nouveaux espaces d'appartenances : entre ciment religieux et bricolages idéologiques

L'ampleur réelle ou supposée accordée à l'islam sur le plan sociopolitique, dans cette région de l'Afrique de l'Ouest, où il est essentiellement confrérique, ne peut que pousser à s'interroger sur l'impact d'une telle religion dans les rapports des différents pays et peuples partageant son dogme.

Ainsi, la religion sert de cadre de rapprochement même si, loin de l'unitarisme dogmatique parfois dans lequel certains veulent l'enfermer, elle est réinterprétée, adaptée, « moulée » selon les contextes socioculturels locaux. Il y a longtemps, au-delà des suppositions et des clichés simplificateurs, que nous croyions, qu'il était important de réfléchir sur la question, aussi bien dérangeante que problématique, de l'existence réelle, politique, effective, d'une « Communauté musulmane » qu'on appellerait « Umma » pouvant susciter, au sens où l'entendait Maxime Rodinson[81] un « patriotisme de communauté ».

Autrement dit, il faudrait voir si et comment l'appartenance commune à l'islam et l'adoption de son dogme, font de tous les adeptes de cette religion, malgré leur diversité d'approche, une communauté au moins « sentimentale ».

---

[81] Maxime Rodinson, *Islam: politique et croyance*. Paris, Fayard 1993, p. 89

Dans l'approche des faits internationaux contemporains, il serait intéressant d'y réfléchir tout en essayant de prendre en compte l'interpénétration des facteurs politique et religieux.

Analyser un tel phénomène est une tâche plus qu'ambitieuse car cela nécessitera une approche multidimensionnelle et interdisciplinaire qui doit mobiliser diverses ressources aussi bien sociologiques qu'historiques.

Même si, depuis la naissance du réformisme musulman, la notion d'*Umma*, « une et indivise » n'est, jamais sortie de son état de projet, elle mériterait, des réflexions plus approfondies au moment où les conflits religieux ou interprétés comme tels opposent plus, aujourd'hui, des communautés musulmanes entre-elles.

Il faudrait, dans ce sens, déconstruire les illusions entretenues jusqu'ici et, par ailleurs, prendre en considération les possibilités dues aux dynamiques sociales elles-mêmes.

L'imbrication, dans cette question, d'une dimension politique et religieuse, pourrait expliquer le mal que les sciences sociales ont à se débarrasser des préjugés relatifs à cette notion d'*Umma* comme catégorie mobilisable. Rappelons à ce titre que la France, ancienne puissance coloniale dans cette partie de l'Afrique de l'Ouest, redoutait, à un moment, qu'une éventuelle collusion entre Berlin et Constantinople vînt compromettre les ambitions politiques de l'Empire durant la période dite de l'entre-deux-guerres[82].

C'est pourquoi, l'Administration coloniale française, en son temps, ne tardera pas à créer dès 1906, dans le sillage des recommandations alarmistes du rapport William Ponty, un service des Affaires Musulmanes, visant à lutter contre ce qui était, déjà, appelé *l'influence maghrébine* en Afrique Occidentale française (AOF).

Ainsi, il serait utile et sûrement constructif de voir, à cet égard, dans quelle mesure l'appartenance à une religion ou à une idéologie

---

[82] Voir, à ce propos, entre autres, Alphonse Gouilly, *L'islam dans l'Afrique Occidentale Française*, Paris 1952, pp. 248-49.

de type *moderne*, est de nature à fournir la matrice d'une politique capable de susciter l'adhésion des communautés.

Dans ce cas précis, une telle appartenance peut devenir un enjeu politique qui, comme le dit Maxime Rodinson, serait la base d'un « *réseau de normes et de comportements [...] imprégnés de religiosité et surtout de réaffirmation constante d'une existence commune* [83]».

Certes, l'heure n'est plus aux blocs idéologiques, comme aux temps du communisme et des mouvements de gauche. Mais depuis que Huntington[84] bien qu'essentialiste dans sa démarche, avait prophétisé le *clash* des « civilisations » comme enjeu majeur de l'avenir stratégique et des relations internationales, l'on ne peut plus s'abstenir de s'interroger, dans la région, sur l'impact futur d'une foi qui regroupe, aujourd'hui, plus d'un milliard d'âmes.

Bref, cette allégeance proclamée à l'islam comme système partagé et communément admis de croyances et de cultes, pourrait bien, dans des circonstances politiques imprévisibles, fournir un modèle de bloc particulièrement cohérent. Les rapports entre l'Afrique subsaharienne et le monde arabe ont été toujours empreints de cette spécificité.

Dans ces États ouest-africains, où l'islam touche une part importante de la population, les relations politiques, économiques et culturelles avec le monde arabe empruntent très souvent le canal religieux.

S'agit-il d'une conscience qu'ont les dirigeants politiques de l'efficacité d'un tel procédé, prenant en compte l'impact de l'islam ou d'un simple calcul visant à s'attirer les faveurs de partenaires détenteurs de pétrodollars ?

On pourrait, par ailleurs, se demander si l'assistance apportée aux « frères en religion » grâce à la manne pétrolière, était gratuite ou découlerait plutôt d'exigences politiques, à la fois internes et

---

[83] Rodinson, *ibid.*, p. 89
[84] Samuel P. Huntington, « The Clash of Civilizations », *Revue Commentaire*, avril, 1994.

externes, dont, en particulier, le souci de se légitimer auprès des gouvernés.

Cette assistance, loin d'être gratuite – comme celle occidentale d'ailleurs – n'est-elle pas pour les pays du Golfe, une manière, entre autres, de gagner en sympathie auprès des pays africains, sujets de droit international, capables d'accorder leur soutien politique aux causes arabes et leurs suffrages dans les instances internationales ?

La récente crise opposant l'Arabie Saoudite au Qatar a mis à nu le fait que cette aide arabe était bien conditionnée et qu'elle servait à « acheter » des soutiens diplomatiques, notamment, auprès de pays comme le Sénégal, les Comores ou encore le Niger. Dans le sillage de Ryad, ces pays ont tenté d'isoler le Qatar, à des degrés divers sans aucune précaution diplomatique dans le contexte d'un Moyen-Orient si instable.

Depuis, l'Arabie Saoudite a même créé un Ministère des Affaires africaines dont l'une des missions essentielles est de contrecarrer une certaine influence iranienne avec l'émergence de jeunes communautés chiites en Afrique de l'Ouest.

De plus, on a plusieurs fois constaté, comme dans le conflit israélo-arabe, que les États africains, dans leur soutien à la cause palestinienne et arabe, n'ont pas échappé à la pression des couches de la population qui ont voix au chapitre - les organisations religieuses, notamment confrériques.

Déjà, au début des années 2000, le soutien politique que les pays de la sous-région avaient apporté à la Libye, isolée sur la scène internationale, avait emprunté le canal religieux par un spectaculaire rassemblement des personnalités religieuses et politiques au Tchad avec le déplacement, à l'époque du Khalife Général des Tidianes entre autres !

Aussi, lors de la guerre du Golfe suite à l'invasion du Koweït, Saddam Hussein avait été savamment assimilé par les médias d'État africains, au « Satan » menaçant la Mecque et Médine, pour susciter l'adhésion populaire à la politique favorable à l'Arabie Saoudite et au Koweït[85] et justifier l'envoi de contingents militaires.

Cette ingénieuse manipulation des symboles religieux à des fins politiques et diplomatiques signifie, de toute évidence, leur caractère incontournable dans les relations arabo-africaines et leur efficacité en politique internationale.

Dans un contexte international où les États défendent leurs intérêts et où les inquiétudes socio-économiques ne font que s'aggraver, pouvait-on toujours continuer à croire que la solidarité religieuse, ou imprégnée de religiosité était illusoire ?

À l'heure où, partout, se forment de grands ensembles, afin de mieux affronter les défis politico-économiques, est-il sûr qu'un renforcement plus affirmé de la coopération arabo-africaine soit une alternative improbable ? Mais sur quelles bases ? Ou bien, la coopération entre États arabes et Ouest-africains, forte de son onction religieuse, n'était-elle pas à même d'exacerber une forme de « patriotisme de communauté » ?

À l'heure des diplomaties religieuses ?

Les ressources existentielles importantes que dégagent les diverses formes de religiosité ne nous prouvent-elles pas, aujourd'hui, de plus en plus, leur vocation à raviver et à renforcer les appartenances en raffermissant les liens communautaires au-delà des frontières artificielles ?

Dans un monde caractérisé par la fluctuation de l'identité culturelle, il s'impose de prendre en compte l'enjeu islamique en tant que tel, sur la scène internationale plutôt que de rester obnubilé par les effets contradictoires de l'islamisme, expression parmi d'autres de l'islam. Malheureusement, on tend, très souvent, à confondre les deux notions !

---

[85] Rappelons que le Sénégal, comme son allié traditionnel, le Maroc, avait envoyé des troupes dans le Golfe.

Il est vrai qu'à force de penser en termes de blocs, on risque de passer à côté de l'enrichissante diversité culturelle du monde musulman. Mais, on ne peut rester indifférent face à des situations où le sentiment d'appartenance ou de fidélité au groupe se traduit par des « manifestations de solidarités » similaires à celles de mouvements ou de pays à dominante *sunnite* suite au triomphe du *shî'île* Khumaynî en Iran, en 1979.

La couleur en était, ainsi, bien annoncée mais on avait jamais peu prêté l'attention due aux signes. Même entérinant un état de fait, l'histoire risque de se répéter avec la décision unilatérale du nouveau Président américain de reconnaître, en décembre 2017, Jérusalem comme capitale d'Israël contre toute légalité internationale comme l'a soutenu le Conseil de sécurité des Nations Unies. Le nouveau président américain, Donald Trump, semble d'ailleurs ignorer l'enjeu des appartenances religieuses et des solidarités mécaniques qu'elles entraînent sur la scène internationale.

Bien que, souvent, dans de telles situations conjoncturelles, le cadre organisationnel compte beaucoup plus que le *credo* ou son contenu, les rapprochements de type religieux ont, parfois, une force qui échappe à bien des observateurs.

Après l'engagement prononcé des États ouest-africains à majorité musulmane, ces dernières décennies, en faveur de la question palestinienne ou leur soutien à la Libye alors sous sanctions occidentales, pouvait-on continuer à exclure l'hypothèse selon laquelle de telles formes de solidarités pourraient devenir un acteur potentiel de la politique internationale pour les années à venir ?

Cela a été une erreur d'appréciation pour les observateurs, diplomates et chercheurs de n'avoir pas pu tenir compte de ce fait probant dans l'approche des questions internationales et des échanges économiques et culturels surtout que les relations internationales ne peuvent plus se réduire à une simple affaire entre gouvernements.

Au moment où l'on parle d'une « Europe des peuples » - dans un continent qui a inventé la Nation -, ne doit-on pas considérer les autres ensembles régionaux avec plus de réalisme en prenant en compte, au-delà des organisations, des sensibilités, l'incontournable acteur : le *citoyen,* qui fait un retour incontesté òu, plutôt, une apparition inattendue sur la scène internationale.

Ce citoyen-acteur international contourne même les circuits diplomatiques habituels et, quelquefois, saisissant les « opportunités » de la vie internationale aléatoire, arrive à instaurer une diplomatie « parallèle » en concurrence avec les acteurs institutionnels.

Dans une telle situation, le facteur religieux, est d'une efficacité politique et symbolique qui dépasse toutes les prévisions. Rappelons-nous que c'est, entre autres, grâce à la pression incessante d'adeptes sénégalais de la confrérie Qâdiriyya, voulant rendre visites à leurs cheikhs à Nimzat que la Mauritanie fut « contrainte » à ouvrir ses frontières fermées depuis la crise qui l'opposa au Sénégal en 1989.

Parfois, l'ensemble des liens informels ou non institutionnels, rarement analysés et que l'on enveloppe dans l'expression ramassée de « l'amitié entre les peuples », arrive à prendre le dessus sur les problèmes politiques opposant des États aux frontières souvent artificielles.

La confrérie Tijâniyya a joué un rôle similaire entre les peuples d'Afrique subsaharienne et du Maghreb en instaurant une coopération informelle de fait, indépendamment des bouleversements de la politique étrangère des États.

Pour se convaincre de ce fait, il faudrait se pencher sur le cas précis du Maroc[86]. Le royaume chérifien, aidé du facteur religieux qu'il sait manipuler à sa guise et selon ses intérêts, occupe une place de choix dans ses relations et avec le reste du monde arabe et avec

---

[86] Voir à ce propos notre ouvrage, *Islam et diplomatie, la politique africaine du Maroc*, Phoenix, Washington, 2011.

les États ouest-africains. La spécificité même du Maroc est cette forte implication en Afrique subsaharienne.

De toute son histoire, le royaume a tissé et développé des relations à la fois culturelles, politiques et économiques avec cette région comme en témoignent les relations spirituelles qui lient certaines villes éloignées du Maroc, comme Fès, par le biais du Tijânisme, aux communautés musulmanes subsahariennes. Ce pays entretient, aujourd'hui de très bonnes relations avec l'Afrique de l'Ouest et surtout le Sénégal. Les échanges entre ces deux pays sont multiples sur le plan bilatéral.

Le facteur religieux y est, sans doute, pour beaucoup si l'on sait que même en ayant claqué la porte de l'Union africaine avant d'y revenir en 2017, le Maroc n'avait jamais été aussi proche de l'Afrique de l'Ouest tout en élargissant ses réseaux dans l'Est du continent. Il est fort probable que la défiance de l'axe Pretoria-Alger-Lagos ait été facilitée par l'usage de l'influence de la Tijaniyya dite « anglophone » avec plus de quarante millions d'adeptes au Nigeria.

Sans d'importantes ressources financières comparées aux pays du Golfe, le Maroc a su convertir un capital symbolique fait de référents religieux en dividendes diplomatiques ingénieusement réinjectées dans une politique africaine performante.

Même sans pied stratégique au Sahel contrairement au rival algérien, ce pays arrive à être présent dans le débat autour de l'extrémisme violent en s'investissant dans la formation d'imam mettant en avant un islam « modéré » qui serait la solution au terrorisme.

Aujourd'hui, avec la ferme volonté de répliquer face à une offensive diplomatique marocaine sans commune mesure, Alger arrive à trouver des relais dans les milieux religieux influents des pays du Sahel en mobilisant les Cheikh Alpha Daha Kounta du Mali, Boureima Daoud du Niger, Boureima Ouedraogo du Burkina Faso, Ismaila Dème du Sénégal ainsi que l'imam Ahmed Murtala du Nigeria malgré les « pressions » marocaines et ses réseaux dans ces différents États.

L'exemple du Maroc est édifiant d'autant plus que les relations bilatérales au niveau institutionnel sont doublées de rapports personnels tissés entre les populations et les réseaux informels.

L'Egypte aussi se positionne davantage sur ce créneau diplomatique à la faveur de la crise sahélienne et la recherche effrénée de modèles religieux « pacifiques » et alternatifs et autres modes qui seraient porteurs de germes de violence. Mettant en avant le prestige de l'Université Al-Azhar et de sa symbolique comme foyer intellectuel du sunnisme mondial, Le Caire rivalise avec les autres puissances du Moyen-Orient avec la valeur ajouté d'une expérience de l'enseignement religieux.

Des professeurs égyptiens sont aujourd'hui présents dans différentes villes confrériques comme Touba avec des Instituts Al-Azhar sous la supervision de Serigne Mame Mor Mbacké mais aussi à Tivaouane à l'institut islamique Cheikh El Hadji malick Sy. En plus de cette vieille coopération ainsi que des bourses offertes chaque année à des étudiants sénégalais, l'Egypte joue la carte du « renouveau de la pensée islamique » tel que prôné par ses actuelles autorités politiques et chercherait même à concurrencer l'Arabie Saoudite dans les partenariats avec le Ministère de l'enseignement supérieur sénégalais.

Cette démarche revêt une certaine importance au moment où avec l'instauration d'un baccalauréat « arabe » l'Etat sénégalais semble préoccupé par l'orientation de milliers de jeunes bacheliers vers des instituts ou universités islamiques y compris dans le cadre de projets portés par des confréries.

De l'ingérence admise aux réseaux informels de l'islam politique

La coopération entre les pays arabes et l'Afrique sub-saharienne a évolué et pris plusieurs formes suivant les processus historiques et les évènements majeurs ayant marqué la seconde moitié du XXème siècle. L'avènement de pays pétroliers sur la scène mondiale marqua profondément ces relations et leur donnera un tout autre visage.

Des initiatives de l'après-Bandoeng à la création du Fonds d'aide arabe, il y a eu plusieurs évolutions qui ont facilité l'établissement de liens renforcés entre pays arabes et africains. Ces liens vont prendre une tournure tiers-mondiste notamment dans le sillage de cette Conférence de Bandoeng réunissant les peuples et les États du tiers-monde, en 1955,

La coopération fut d'abord politique, avec l'enjeu que constituaient les luttes de libération nationale[87]. C'est, ensuite, qu'elle prit progressivement une forme plus ou moins économique accentuée par l'idéologie du tiers-mondisme et de la lutte « anticapitaliste », thème, alors, très en vogue et assez mobilisateur dans les milieux de la gauche traditionnelle.

Il s'agissait de se libérer, non seulement, du joug colonial, mais, aussi, de refuser et de rejeter le modèle économique et social des « impérialistes » alors décriés.

La disparition des leaders nationalistes charismatiques qui avaient animé le courant de Bandoeng, tels que Nasser et Nkrumah va progressivement mettre en scelle un leadership plus sensible au panislamisme qu'au tiers-mondisme d'antan. Autrement dit, l'engagement en faveur d'un camp du Sud défendant les idéaux tiers-mondistes va faire place à un militantisme islamique qui a investi le terrain laissé par les idéologies de gauche.

---

[87] B. Founou, *Problématique de la coopération afro-arabe, documents*, UNITAR, 1984, p. 5.

La revanche des monarchies pétrolières ou l'islamisation de la coopération

Le choc pétrolier de 1973 va imposer les monarchies du Golfe et, plus particulièrement, l'Arabie Saoudite qui se distingueront dans l'assistance financière au Sénégal et d'autres pays du Sahel alors rudement touchés par les vagues successives de sécheresses.

L'Arabie Saoudite, jadis gênée par l'influence de leaders comme Nasser et d'autres figures marxistes du continent, s'affirmera de plus en plus dans la coopération afro-arabe.

À partir de ce moment l'idéologie du royaume accompagnera les flux financiers et ses aides bilatérales. Cet aspect idéologique de l'aide ne sera pas encore très prononcé car se réfugiant derrière les protocoles et accords bilatéraux.

Mais le passage d'une coopération à dimension tiers-mondiste à une aide de plus en plus basée sur le facteur « islamique », se dessine, au fur et à mesure que les critères d'affectations de l'aide changeaient et que la raréfaction des ressources conduisait à une sélection ou à des préférences dont les critères étaient tout autre qu'économiques. Cette phase va instituer des rapports plus étroits en même temps qu'elle imprime un nouveau cachet à une coopération de plus en plus « décentralisée ».

Le mensuel *Afrique Musulmane* exprimait cet état d'esprit, en expliquant : « *S'il est vrai que les Arabes n'ont pas d'autres frères plus proches que les Africains, il est tout aussi vrai que les Africains n'ont point d'autres frères plus proches que les Arabes. Cette constatation évidente s'agissant des peuples, l'est autant au niveau des États* [88]».

El Hadji Moustapha Cissé de Pire, décédé en 2017, alors, acteur important des négociations pour la tenue de cette rencontre, nous confiait qu'il était l'émissaire spécial du Président Léopold Sédar Senghor auprès de nombreux responsables arabes dans l'objectif d'une formalisation de ces relations.

---

[88] Mensuel *Afrique musulmane*. Organe officiel de la Fédération des Associations Islamiques du Sénégal, n°2, avril 1981, p. 12.

La tenue de cette réunion de Dakar, nous affirmait-il, est « le résultat de ces négociations entre le Sénégal et des pays arabes comme l'Egypte, l'Arabie Saoudite et le Koweït qui reçurent une visite historique du Président Senghor dans ce sillage.[89]»

Dans la même veine, du 15 au 22 avril 1976, se tiendra, à Dakar, la première conférence ministérielle arabo-africaine. Elle aura pour objectif d'examiner le projet de coopération afro-arabe, selon des modalités et des moyens d'actions concertés. Ce projet se voudra global et à long terme.

Se tenant à titre préparatoire, la conférence de Dakar largement facilitée par la finesse diplomatique d'El Hadji Moustapha Cissé, sera suivie, l'année d'après, d'un Sommet afro-arabe, en mars 1977, au Caire.

Ce sommet réunira plus de trente chefs d'États qui prendront des décisions immédiates pour accroître l'aide publique arabe à l'Afrique noire dans les domaines de l'agriculture, de la pêche, des transports et de l'hydraulique. D'ailleurs, c'est dans ce dernier secteur que le Sénégal, l'un des premiers bénéficiaires, recevra une aide financière importante ayant facilité la réalisation de barrages pendant qu'Israël proposait son expertise, en la matière, à des pays comme la Côte d'Ivoire d'Houphouët Boigny.

On constatera, ensuite, que l'aide arabe, purement étatique, conventionnelle et s'inscrivant dans les projets nationaux des pays bénéficiaires n'avait pas encore l'impact populaire, réel, escompté par les pays donateurs. C'était une diplomatie classique bien institutionnalisée mais sans ancrage ni grande influence.

Il manquait une certaine visibilité à cette forme de coopération. De plus l'harmonisation voulue par les différents sommets arabes et arabo-africains s'est, très vite, révélée difficile face aux rivalités interarabes et la difficulté de définir les priorités, différentes, selon les objectifs et les intérêts des uns et des autres.

---

[89] Par respect de la confidentialité, nous ne citerons pas le nom de ce diplomate qui nous a fourni beaucoup d'informations, ayant été l'acteur principal dans toutes ces négociations.

Des États comme l'Arabie Saoudite et d'autres monarchies pétrolières continuèrent à apporter leur soutien financier à des pays africains mais donnèrent une portée de plus en plus « religieuse », à leurs aides ponctuelles.

Ces États, dans le sillage de l'Arabie Saoudite, profiteront de l'échec ou de l'inefficacité constatés de la politique d'aide globale des pays arabes avec une absence notoire sur le terrain du secours des populations africaines lors des catastrophes naturelles après les cycle de sécheresse qui touchèrent le continent, tout au long des années 80.

La sécheresse, due à de terribles déficits pluviométriques au Niger, au Mali, en Mauritanie et au Sénégal, avait davantage mis les populations locales dans des situations de nécessité.

C'est dans ses manquements en termes de solidarité durant cette période cruciale que la communauté internationale devrait d'ailleurs chercher les raisons de son retard actuel face aux réseaux transnationaux contre lesquels elle tente avec peine de lutter dans le Sahel d'aujourd'hui.

Dans cette nouvelle forme de coopération, il y eut, certes, une intense activité diplomatique de la part du Sénégal qui, ayant compris les nouveaux enjeux de coopération arabo-africaine, s'efforça de présenter la demande d'aide dans les termes adéquats.

Conscient de la dimension islamique que l'Arabie Saoudite voulait donner à son aide au Sénégal, pays africain à forte majorité musulmane, les autorités s'investirent à convaincre le Royaume de la nécessité et de la portée religieuse de l'aide financière.

Ainsi, le président Abdou Diouf, alors nouvellement arrivé à la tête de l'État sénégalais, effectuera une visite officielle « historique » en Arabie Saoudite, clôturée par un pèlerinage à la Mecque.

Le Président sénégalais de l'époque sera tellement marqué par cette visite en Arabie Saoudite qu'on lui donnera pendant plusieurs années le surnom de « l'homme de Taëf[90] ». Sa visite, fut, sur le plan

---

[90] Ville d'Arabie Saoudite occidentale située dans la région du Hedjaz.

diplomatique, un véritable tournant et suivie de plusieurs mesures financières au profit du Sénégal qui en avait, à l'époque, bien besoin.

Il est vrai que cette visite fut marquée, sur le plan protocolaire et médiatique, par son cachet profondément religieux dans tout son déroulement avec, comme temps fort, l'ouverture des portes de la *Ka'ba*, « privilège » réservé aux grands hôtes du royaume[91].

L'image du premier chef d'État musulman d'un pays à majorité musulmane qui succéda à un président chrétien sera largement cultivée par les médias et mise à profit par le protocole. El Hadji Moustapha Cissé, à l'époque Ambassadeur du Sénégal en Arabie Saoudite et Conseiller Spécial du Président Abdou Diouf, souligne dans une interview accordée au mensuel *Afrique musulmane* que « *cette visite s'inscrit dans le cadre de la consolidation des relations de coopération entre le Sénégal et les pays amis, en général, et le monde arabe, en particulier* [92]».

Ainsi, du moment que le modèle de coopération basé sur l'idéologie tiers-mondiste avait, alors, montré ses limites objectifs et son inefficacité pour ce qui est de la visibilité et de l'impact politique, le rôle de l'Arabie Saoudite allait, naturellement, s'accroître tout en entraînant les relations arabo-africaines dans une dimension de plus en plus religieuse doublée d'une certaine volonté de transmettre un modèle islamique caractéristique même de l'identité politique du Royaume.

Les pays donateurs vont presque s'inspirer du modèle adopté par l'Église catholique, l'autre rival en Afrique noire d'après l'abondante littérature humanitaire accompagnant l'action des organisations caritatives basées dans le monde arabe.

En effet, les organismes chrétiens tels que « Frères des Hommes », « Caritas » et Comité catholique contre la faim et pour le développement (CCFD), ont marqué l'actualité des années 70-80,

---

[91] La visite du nouveau président de la République, Abdoulaye Wade en 2001 suivit le même rituel et s'inscrira dans la continuité de la coopération dans sa nature et son contenu.
[92] *Afrique Musulmane*, n°2, avril, 1982, p. 10.

avec leur assistance humanitaire aux populations sinistrées d'Afrique sub-saharienne. Cette assistance avait aussi des objectifs d'évangélisation ou du moins de promotion d'un idéal chrétien dont le fondement serait la solidarité et une certaine charité.

S'inscrivant dans l'optique traditionnelle d'une confrontation islam/christianisme, les pays arabes, et, plus particulièrement, l'Arabie Saoudite, vont aider à l'émergence d'organisations islamiques de « secours » et d'assistance humanitaire. L'objectif déclaré était d'éviter aux « frères » musulmans une évangélisation par l'humanitaire qui serait l'œuvre d'une Église en perte de vitesse en Europe et qui investissait le continent africain.

L'objectif d'efficacité a, alors, poussé à une privatisation progressive de l'aide, avec des projets de plus en plus en direction des populations locales défavorisées. C'est dans ce contexte qu'aux partenaires étatiques, institutionnels, vont s'ajouter d'autres relais informels et plus proches des réalités sociales.

De simples regroupements d'anciens étudiants des universités du monde arabe, les associations islamiques vont, ainsi, devenir de véritables acteurs qui se sont imposés dans ce qui fut appelé la coopération afro-arabe.

Elles servirent de relais pour l'aide arabe (ou islamique !) directe et s'affirmèrent, de plus en plus, comme des intermédiaires privilégiés et incontournables pour les pourvoyeurs d'aides ou encore les « exportateurs » d'idéologie. C'est comme si, à l'esprit de Bandoeng, et aux principes de solidarités Sud-Sud, s'est superposé ou substitué un sentiment d'obligation d'aide et de secours aux pays africains, désormais perçus comme des États musulmans dans la nécessité et destinataires privilégiés de l'aide des « frères en religion ».

Les États arabes, en tant qu'entités institutionnelles, ne seront plus les seuls présents sur ce terrain ; une diplomatie privée viendra à la rescousse pour plus d'impact et d'interventions directes sur des secteurs comme le social et le financement du culte. Ainsi, on assistera, suite aux énormes rentrées financières due à la manne pétrolière, à l'émergence d'une bourgeoisie arabe, ouverte aux idéaux de la solidarité islamique, qui s'impliquera directement dans cette aide aux pays « musulmans » pauvres par des projets sociaux.

La specificite de la diplomatie saoudienne en Afrique

L'aide apportée aux pays africains à dominante musulmane, par l'Arabie Saoudite, se caractérise, généralement, par son habillage religieux. Autrement dit, le royaume « wahhabite » - comme souvent appelé bien qu'il s'en défende - a été, toujours, animé par une volonté d'exporter sa doctrine politico-religieuse : le wahhabisme. Ces derniers temps, avec l'arrivée du prince héritier Mohamed Ben Salmane, le Royaume semble prendre une nouvelle direction par rapport à l'orientation idéologique bien que l'aile religieuse du pouvoir continue à maintenir son influence.

La coopération saoudienne est l'une des plus difficiles à analyser en raison de la dualité au sommet du pouvoir entre une aile politique, les Al-Sa'ûd, et celle religieuse, les Al-Shaykh. Les deux ailes sont des frères siamois dont le divorce aujourd'hui amorcé par le Prince Mohammed Bin Salmane ne sera pas chose aisée malgré le volontarisme du jeune futur monarque « réformateur ».

Depuis les années 70, l'aide financière directe et les actions humanitaires ont néanmoins facilité cette influence idéologique de l'Arabie Saoudite en direction des pays africains à dominante musulmane.

Ainsi, il ne serait pas impertinent de constater une certaine spécificité de la politique saoudienne en Afrique partant du fait que celle-ci se fonde essentiellement sur une forme de religiosité l'emportant de loin sur les choix rationnels ou une stratégie définie.

Mais, au-delà de simples questions religieuses, il y a, depuis un certain temps, un regain d'intérêt pour l'Afrique au regard des enjeux géopolitiques et des rivalités inter-puissances. Cette situation à amené le Roi Salmane, début 2018 à nommer un ministre-délégué en charge des Affaires africaines en la personne de l'Ambassadeur Ahmed Ben Abdelaziz Qattan.

Entre « missions » de prédication et stratégies d'« expansion » idéologique

À part les premières décennies qui suivirent la conquête de l'Arabie par les Âl-Sa'ûd et leur allié, sur le plan religieux, la doctrine wahhabite s'est vite cherché des moyens de gagner des contrées hors de sa terre de prédilection. Reinhard Schulze[93] soutient qu'au début, pour les oulémas wahhabites, « l'expansion, au-delà de la Péninsule, présentait un danger dans la mesure où l'un des piliers de la doctrine affirmait qu'il n'y avait de vrais musulmans que les *ahl al-tawhîd* [94] ».

C'est une manière de considérer toutes les autres populations musulmanes n'appartenant pas à leur école comme sorties de la « communauté ». Cette considération allait, toutefois, au moment opportun, être utilisée comme argument justifiant le « *Jihâd* », ou, du moins, son acception guerrière propre aux mouvements qui sévissent aujourd'hui avec une violence inouïe.

L'usage du glaive alternait, ainsi, avec celui de versets du Coran pouvant aller dans le sens d'une prédication plus ou moins pacifique, selon les enjeux et, surtout, les rapports de force dans tout ce processus de renforcement du nouvel État devenu saoudien.

En 1932, lorsque les Al-Sa'ûd affirmèrent leur totale hégémonie sur l'actuelle Arabie Saoudite, la *wahhâbiyya* devint doctrine d'État.

---

[93] Schulze R., « La da'wa saoudienne en Afrique de l'Ouest ». In R. Otayek, *Le radicalisme islamique au Sud du Sahara, da'wa, arabisation et critique de l'Occident,* Paris, Karthala, 1993, 264 p.

[94] Cette expression veut dire « les partisans de l'unicité de Dieu ». C'est un principe fondateur des religions dites monothéistes mais, dans le sens où il est, ici, exprimé, il est revendiqué par les tenants du wahhabisme comme étant leur exclusivité.

Malgré les divergences internes entre oulémas du Najd et du Hijâz, le wahhabisme, selon ses expressions, trouvera, très vite, des adeptes et des alliés dans le monde arabe, notamment en Egypte et en Syrie.

Ainsi, l'Arabie Saoudite essayera de trouver dans le wahhabisme et sa prédication un moyen d'influer dans le monde arabe où régnait, encore, une large fascination de personnalités charismatiques comme Nasser.

De ce fait, le recours à une prétendue mission religieuse, comme moyen d'expansion idéologique, devient un outil de politique étrangère. Cette stratégie qu'on pourrait qualifier de *containment* de l'idéologie du nationalisme et/ou du socialisme, s'affirma, de plus en plus, durant les deux décennies qui suivirent l'année 1932.

Durant cette période, le concept-clé de *da'wah* connut une certaine résurgence et fut à la base de toutes sortes de constructions idéologiques. Il est, parfois, compris comme l'obligation de tout musulman de professer et répandre l'islam.

L'Arabie Saoudite s'en servit en véritable idéologie pour s'autoproclamer seul pays relevant, véritablement, du domaine de l'islam « pur » de telle sorte qu'en son nom, elle s'était arrogé le droit de mener le *jihâd*, considéré comme une « guerre sainte » pour restaurer la foi authentique.

Muhammad Ibn 'Abd al-Wahhâb, lui-même, considéra, dans sa doctrine, qu'il était devenu une obligation religieuse de rejoindre le domaine des Al-Sa'ûd seul véritable pays de l'islam[95].

C'est, ainsi, qu'en 1960, dans le but de contrecarrer l'idéologie nationaliste de la révolution chère à Nasser et qui serait véhiculée par l'Université d'Al-Azhar, le royaume wahhabite accélèrera la création du Conseil Supérieur des Affaires Islamiques.

La démarche s'inscrivait, à l'époque, dans l'optique du nouveau roi d'alors, Fayçal Ibn 'Abd al-'Azîz, qui se considéra

---

[95] Voir à ce propos son *Kashf al-Shubhât fî al-tawÎîd*, Université Islamique de Médine, Éd. Munayyir, 1975.

comme le contrepoids du socialiste Nasser et le leader de la
'Ummah islamique.

À cet outil de prédication et de propagande s'ajoutera, dès
octobre 1961, la création de l'Université islamique de Médine. Elle
sera, en même temps, la rivale, le contrepoids d'Al-Azhar et le point
de diffusion de l'idéologie wahhabite dans le monde.

Des bourses d'études vont être accordées aux ressortissants de
tous les pays du monde musulman qui, après leur formation,
devront repartir prêcher le « vrai islam » dans leurs pays d'origine.

Cette réalité n'a point changé jusqu'à nos jours et l'Université
en question a même fait des émules sur le continent africain comme
en Asie du Sud.

Les deux principaux objectifs de cette université furent
nettement repris dans sa charte publiée en mai 1962. Celle-ci
devrait s'attaquer, prioritairement, à la « politique pseudo-laïque »
des socialistes arabes, en ces termes : « *Si aujourd'hui, nous sommes
témoins de diverses nations qui se proclament, elles-mêmes, « nations
islamiques », elles ne le sont pas vraiment, car elles ne suivent pas
uniquement les dogmes de l'islam et ne gouvernent (ou jugent, hakama)
pas conformément à ses commandements et interdits* ». Cette critique
acerbe, visant directement le concurrent égyptien, devait être suivie
d'une action de plus grande ampleur.

Afin de conforter l'idée saoudienne du « retour à l'islam » et
surtout à son berceau originel, l'Université islamique de Médine
s'inscrira dans une logique d'expansion. Comme le précise la même
charte, « *l'Université islamique de Médine fut créée (…) pour renouveler
le dogme islamique* » avant de rappeler que, conformément aux vœux
de Riyad, « *les musulmans de tous les pays islamiques sont conviés à
venir à Médine pour y étudier l'islam (…) pour, plus tard, retourner chez
eux pour y enseigner et guider et orienter* [96]».

L'Université islamique de Médine est, ainsi, au centre du
dispositif de prédication menée à partir de l'Arabie Saoudite et à
travers ses réseaux informels depuis des décennies en Afrique.

---

[96] Paru dans *Umm al-Qurâ*, 11 mai 1962, p. 5. NT.

Nombreux, parmi les futurs militants des associations islamiques ainsi que les relais des organisations internationales y étudieront ou suivront les stages annuels de prédication organisés dans les pays d'Afrique. La Dawra Tadrîbiyya (stage de formation) tenue et animée chaque année au sein de l'Institut islamique de Dakar a toujours servi de cadre de recrutement de futurs étudiants à Médine.

Une fois à Médine, l'accent sera mis sur la formation religieuse et l'enseignement strictement surveillé et orienté par la doctrine wahhabite sous la tutelle exclusive des Al Shaykh, alliés religieux inconditionnels de la monarchie, depuis son avènement.

De la même manière que cette famille prêtera son allégeance religieuse aux entreprises politico-guerrières des Al Sa'ûd, elle sera, en même temps, la garante de sa légitimité en lui produisant les fatwas nécessaires à toutes sortes d'action.

L'Université islamique de Médine, citadelle du wahhabisme, est d'ailleurs dirigée depuis sa création par un membre de cette famille. Muhammad 'Ibn 'Ibrâhîm Al-Shaykh en sera le premier Président avant d'y être succédé par l'une des figures les plus marquantes de l'orthodoxie wahhabite : Abdelaziz Ibn Bâz, mort en 1997.

Par ses enseignements et, surtout, ses énormes moyens financiers, cette université attirera des milliers d'Africains. La sélection des futurs étudiants pour ce qui est du Sénégal, se fait en plus du séminaire d'été annuel de formation de prédicateurs par l'intermédiaire de relais informels distribuant bourses d'études comme places au pèlerinage à la Mecque ; de véritables leviers d'influence de Ryad mis à contribution dans de nombreux pays.

L'Arabie Saoudite dispose, ainsi, de plusieurs instruments par lesquels s'applique son vaste programme de conquête idéologique du monde musulman. Ce dispositif universitaire est renforcé par un autre plus institutionnalisé s'appuyant sur sa diplomatie d'influence.

Afin de mieux s'implanter en tant qu'acteur influent dans les pays à dominante musulmane, l'Arabie Saoudite fait accompagner sa diplomatie classique d'une autre politique qui passe par l'action des organisations islamiques qu'elle appuie ou finance en majorité.

Ces organisations sont du même type que la Ligue islamique mondiale que nous évoquerons plus loin et s'activent dans le social et, surtout, l'éducation comme meilleurs vecteurs des idéologies dans des contrées où ils brillent par leur insuffisance.

Ainsi, l'orientation de la politique de prédication saoudienne vers l'Afrique subsaharienne trouvera son appui chez des acteurs locaux et des organisations susceptibles de mener des actions dans les domaines de l'éducation et du social.

L'action du royaume inaugurée vers 1962, connut une accentuation dans les décennies 1970, notamment, avec les conséquences économiques des différents chocs pétroliers. La *da'wa*, ainsi préconisée, comme faisant partie de la mission du Royaume, s'est trouvée de plus en plus institutionnalisée et relayée par des organismes et des acteurs sous son influence.

On pourrait croire à une véritable stratégie de conquête développée par Riyad avec la multiplication d'organismes spécialisés financés par elle et qui essayent de coordonner les actions de prédication sous différentes formes.

Ces organismes prennent souvent la forme d'organisations internationales avec une certaine représentativité afin d'acquérir la respectabilité et surtout le statut privilégié d'ONG sur la scène internationale où les rapports se privatisent de plus en plus.

Monarchies pétrolières et associations islamiques

Dans leur stratégie d'implantation, les organismes pro-saoudiens s'appuient soit sur des associations islamiques locales ou des personnes ressources bénéficiant d'un certain prestige sur le plan religieux, fussent-ils non wahhabites ou même, de manière encore plus contradictoire, d'obédience soufie. Ce qui est surtout recherché c'est l'efficacité du relais et sa capacité d'influencer ou de représenter les institutions devant servir de relais « informels » de politique étrangère.

Les appellations et structures se multiplient alors que les objectifs et modes d'action restent les mêmes. Ainsi, après la naissance de la Ligue islamique mondiale, d'autres organismes annexes seront créés comme le World Assembly of Muslim Youth (WAMY), *Al-nadwa 'âlamiyya li al-shabâb al-islâmî*. Plusieurs autres organismes tentent de relayer cette action dans différentes zones géographiques d'Afrique et du monde musulman plus généralement.

Parmi ces organismes qui ont, souvent, une apparence purement ponctuelle, on pourrait citer le *Mu'tamar ihyâ risâlat al-Masjid* (Conférence pour la revivification du message de la mosquée)[97]. C'est à dire que l'Arabie Saoudite, telle qu'elle procède, essaye de multiplier les entrées en Afrique afin d'y rendre sa politique prédicative plus efficace et toujours plus visible, surtout en présence d'enjeux comme la traditionnelle rivalité avec l'Iran.

D'ailleurs, la *da'wah* saoudienne tente, de plus en plus, de s'épanouir dans un cadre où les organisations internationales contrôlées par Riyad mènent différentes actions et créditent l'Arabie Saoudite d'un actif symbolique la présentant comme « le pays qui assiste les musulmans démunis ».

Il est vrai que le volontarisme du Royaume est assez visible et lors des discussions avec des officiels ou diplomates, ceux-ci expliquent toutes ces actions par le seul objectif d'aider des musulmans ou pays « frères » dans la stricte logique de la « solidarité islamique ».

Mais, les initiatives n'ont, en réalité, cessé de se multiplier en Afrique depuis années 1970 où le combat déguisé contre le confrérisme prend plusieurs formes. À ce propos, lors d'un

---

[97] Cet organisme rassemblait étonnamment 76 pays d'Afrique et d'Asie et de l'ex-union Soviétique. Plus tard, l'Arabie financera la création du Conseil Supérieur mondial des mosquées.

entretien avec des diplomates saoudiens, il m'a été signifié que cela relevait de l'extrapolation que de croire en une politique saoudienne anti-soufie, quelques années après nos recherches doctorales qui avaient insisté sur ce fait que les officiels du Royaume réfutent catégoriquement. La question logique que ces diplomates saoudiens posent est : « quel peut être l'intérêt de l'Arabie Saoudite à combattre les confréries soufies ? ». Ces trois dernières années, des actes furent joints à la parole avec des visites plus fréquentes dans les foyers de l'islam confrériques pour faire montre d'une plus grande ouverture à la diversité et au respect d'un modèle islamique que des associations relais ont longtemps combattu.

Mais pour ce qui est, spécifiquement, de la Ligue islamique en tant que levier pro-saoudien, elle ne se contentera pas d'actions sociales mais agira pour une meilleure visibilité et une occupation du terrain politico-diplomatique en Afrique. Elle fera même recours à des coups d'éclats tels que la conversion de Présidents[98] ou de communautés, numériquement ou politiquement, importantes.

On a l'impression, quelques fois, que c'est plus la symbolique de l'action qui l'emporte sur son ampleur réelle ou quantitative dans les actions posées par la diplomatie saoudienne qui en réalité, contrairement au Maroc, n'a jamais eu une politique africaine rationalisée malgré ses moyens. C'est peut-être cette faille stratégique que tente de combler le nouveau ministère-délégué aux affaires africaines.

---

[98] Des observateurs avertis nous ont confirmé le rôle primordial de la Ligue islamique mondiale dans la conversion du Président Gabonais Bernard-Albert Bongo, devenu Omar Bongo en 1973.

Contenir l'Iran et le chiisme : une nouvelle priorité africaine de l'Arabie Saoudite ?

À partir de 1976, avec la Conférence islamique africaine organisée, à l'instigation de l'Arabie Saoudite, à Nouakchott, jusque dans les années 80, avec l'autre politique de *containment* visant cette fois-ci l'Iran, l'Arabie Saoudite semblait, de plus en plus, impliquée en Afrique subsaharienne.

Pourtant les initiatives de l'Iran chiite, au Sénégal, n'ont jamais pris une grande ampleur ou un impact remarqué. Il y a eu, de temps à autre, des actes isolés ou, plutôt, des « coups médiatiques » dans lesquels on voyait trop vite la main de l'Iran.

Ainsi, l'attribution de la nationalité sénégalaise à titre honorifique à Shaykh 'Abd al- Mun'im Zayn, le guide de la riche communauté chiite libanaise au Sénégal, proche du Hezbollah, avait déclenché une polémique autour d'une éventuelle infiltration de l'Iran aux idées révolutionnaires.

Néanmoins, bien que d'obédiences sunnites, certains intellectuels musulmans comme Cheikh Touré ou encore le futur membre influent da la Jama'atou Ibadou Rahmane, Bamba Ndiaye, défendaient *l'islamité* de la révolution iranienne.

Ainsi, coutumier des spectaculaires valses politiques qui ont marqué son tumultueux parcours, dans la Revue *Études Islamiques*, Muhammad Bamba Ndiaye prenait la défense de la révolution iranienne et de Khomeyni, alors « diabolisé » par la presse sénégalaise, en ces termes : « *Sachez que Khomeyni n'est pas un sorcier : c'est un dignitaire de l'islam, les musulmans sénégalais le considèrent comme tel. Par conséquent, ils ne prêtent aucune attention aux falsifications que les Munâfiqûn[99] et autres Kuffâr[100] tentent de faire passer [101]*».

Ndiaye assimilait ces « attaques » de la presse sénégalaise contre l'Iran révolutionnaire comme relevant d'un complot contre l'islam lui-même : « *cette alerte contre l'avancée de l'islam dans notre pays ne servira pas à grand-chose. L'islam étant la religion de Dieu, il en est lui-même le Gardien Suprême. Il triomphera, n'en déplaise aux non-croyants [102]*».

Dans une parfaite connaissance sociologique du contexte sénégalais, ce type de discours pro-iranien qui se voulait défenseur de l'islam, essayait toujours de trouver un lien entre la Révolution iranienne et l'action des chefs confrériques sénégalais afin de mieux frapper l'opinion publique.

Ainsi, M. Bamba Ndiaye, qui est passé de la Jamaatou Ibadou Rahmane au parti libéral du Président Macky Sall après avoir été ministre-conseiller d'Abdoulaye Wade a eu, aussi, à s'activer en faveur de la révolution iranienne en soutenant : « *La Révolution islamique a été déclenchée par le prophète Mohammed depuis Badr[103], elle s'est poursuivie chez nous avec le refus de Cheikh Mouhammadou Bamba[104] de se plier aux lois des infidèles coloniaux, de Maba Diakhou[105]*

---

[99] Hypocrites, ceux qui sont décrits comme n'étant ni véritablement musulmans ni incrédules, susceptibles de trahir, à tout moment leur religion. L'utilisation du terme « *munâfiq* » vise certainement les musulmans alliés du pouvoir politique considéré par ces islamistes comme étant impie car non conforme, selon eux, à l'islam.

[100] Pluriel de *kâfir*, dénégateur, incroyant, infidèle dans le langage prosélytique.

[101] *Études islamiques*, n°16, décembre 1982, p. 5.

[102] *Ibid.*, p. 5.

[103] La bataille de Badr fut la première qui opposa Muhammad aux Mecquois après l'Hégire à Médine.

[104] Référence au fondateur de la confrérie des mourides considéré comme un résistant à la colonisation française même par les élites nationalistes.

[105] Ce Cheikh a mené des combats contre l'armée française au début de l'intrusion coloniale dans le Sine (provinces du sud du Sénégal).

et de Cheikh Oumar Tall al-Foutiyou[106] qui n'ont pas hésité à utiliser le feu et le fer pour la défense de leur croyance. Et enfin El Hadji Malick Sy[107] qui, sur le terrain didactique, continuait de donner de sérieux coups aux « criquets pèlerins » en implantant des dârras[108] et Mosquées partout où cela fut possible. Une telle révolution se poursuivra de nos jours grâce aux héritiers conséquents de ces derniers [109]».

En somme, la Révolution iranienne dont se méfiaient les Saoudiens n'avait pas eu d'effets politiques de masse mais a, toutefois, marqué les consciences. Le « danger » à éviter était qu'elle serve d'exemple même à des non chiites qui pourraient, alors, s'inspirer de la « réussite » de Khomeiny. Elle avait, tout de même, gagné une première bataille, celle de la communication, à travers des organes comme *Études Islamiques* de Cheikh Touré[110]. Ses défenseurs sénégalais avaient, aussi, réussi à inscrire cette révolution, du moins par le discours, dans le cadre d'une éternelle lutte entre l'islam et les « forces du mal ».

La vulgarisation des idées révolutionnaires passait, ainsi, par leur explication avec des exemples tirés de l'histoire religieuse « nationale » du Sénégal ou, du moins, la version qu'en retiennent les mouvements islamiques.

Devant une telle effervescence et densité du débat idéologique, le combat pour l'exportation des doctrines et des idées passait

---

[106] Référence à El Hajj 'Umar, l'apôtre de la Tijâniyya sénégalaise dont les combats contre les Français sont mis sur le compte du « Jihâd ». La nisba « al-foutiyou » s'attache à sa région d'origine, le Fouta Toro sur la rive droite du fleuve Sénégal.

[107] Célèbre personnage de la Tijâniyya dont nous avons parlé longuement dans notre partie sur la dimension spirituelle des rapports maroco-sénégalais.

[108] Daara : en wolof signifie « école coranique » ; de l'arabe *dâr*, maison.

[109] *Études islamiques*, n°16, décembre 82, p.5.

[110] Personnage emblématique de l'islamisme sénégalais, pourtant appartenant à une famille confrérique celle de Hâdy Touré, par ailleurs muqaddam de la Tijâniyya. Cheikh Touré visitera plusieurs fois l'Iran et enverra même certains de ses disciples que nous avons rencontrés et qui sont, aujourd'hui, à la tête de l'Organisation pour l'Action Islamique (OAI) dont nous parlerons.

forcément par une meilleure communication pouvant atteindre les destinataires du message.

L'Arabie Saoudite qui s'était, à peine, débarrassée du concurrent « laïque » égyptien, avec la disparition de Nasser de la scène politique arabe, devait, maintenant, éviter d'être devancée, dans la « conquête » idéologique de l'Afrique, par le nouveau venu qu'était l'Iran.

Pour contrecarrer cette fascination grandissante du modèle révolutionnaire iranien au sein de l'élite musulmane, il fallait déployer des moyens financiers colossaux et investir les terrains les plus « névralgiques » dans les pays africains à dominante musulmane : l'éducation et le social.

Il était, surtout, nécessaire d'encadrer cette politique par des structures imposantes capables de gagner la bataille de la communication. En fait, comme de nos jours, suite à la disparition des idéologies gauchisantes, l'islam était comme devenu le nouveau syndicat unitaire des nouveaux « damnés de la terre ».

Aujourd'hui, dans le contexte de la lutte d'influence au Moyen-Orient et face aux craintes saoudiennes partagées par le Maroc d'une expansion chiite en Afrique, il y a une véritable politique de sensibilisation face au « danger iranien ».

La décision finalement abandonnée d'envoyer des soldats sénégalais à la rescousse de Ryad dans son aventure yéménite avait ravivé la tension entre partisans de Téhéran et de l'Arabie Saoudite dans un contexte d'émergence d'une communauté chiite sénégalaise endogène avec Chérif Mballo et Amadou Badiane comme figures emblématiques.

En fait, l'Iran a très tôt compris la difficulté d'exporter sa « révolution » au Sénégal et s'est déployé dans les régions périphériques du sud où l'islam confrérique a moins d'influence.

La région de Casamance et des localités comme Bignona et Vélingara ont été investies avec la construction de mosquées chiites. Du coup, dans la même logique de contrecarrer le chiisme, l'Arabie Saoudite y intensifie son action notamment avec l'Agence des Musulmans d'Afrique et d'autres structures intermédiaires appuyées par Dârul Istiqâma sur les aspects liés à la Da'wah.

Cette compétition saudo-iranienne s'est beaucoup accentuée par mouvements islamiques interposés. Là où se déploie l'Institut Mozdahir International (IMI) d'obédience chiite qui implante des éco-villages et crée des radios communautaires comme dans la banlieue dakaroise, l'Arabie Saoudite renforce sa présence à travers une action de prédication renforcée. Cette dernière s'appuie sur des relais comme la Harakat Al-Falâh et Dârul Istiqâma proches de l'Arabie Saoudite aussi bien par leur leadership que leur orientation idéologique.

Aujourd'hui, en plus d'écoles secondaires comme Al-Zahrâ, l'Iran a réussi à installer une université au cœur de Dakar dénommée Al Mostafa dans le quartier Mermoz, accueillant des étudiants sénégalais comme de la sous-région. La fréquentation de cette université donne ensuite la possibilité d'effectuer des séjours d'étude dans les grands centres d'érudition iraniens à l'instar de Qom.

Depuis l'engagement de la coalition arabe au Yémen sous l'égide de l'Arabie Saoudite, cette rivalité devint des plus vivaces. Aujourd'hui les relais de l'Iran comme de l'Arabie Saoudite se livrent à une « guerre » communicationnelle surtout à travers les réseaux sociaux.

Une communauté dénommé Al-Bayt autour de figures emblématiques comme Chérif Mballo et d'autres arrive à s'organiser et à défendre une identité chiite endogène en dehors de la communauté libanaise dirigée par le Cheikh Abdel Moneim Zayn.

Au mois d'août 2018, s'est tenu à Dakar un séminaire spécialisé pour contrecarrer les « *stratégies chiites de rapprochement avec les confréries soufies* » à destination de prédicateurs et d'imams sénégalais. Ce séminaire de formation intensif était animé par Ablaye Fall Ndar Dieng plus connu sous l'appellation d'Abdallah Baba qui mène d'autres combats dans ce sens dans la région de

Louga où les tendances wahhabites détiennent une très influente radio *Leeral Fm* en plus d'une grande école connue sous le nom de *ḥanafiyya*.

Les accusations entre partisans de l'Iran et soutiens de l'Arabie Saoudite en sont arrivées à la diffusion d'informations les plus contradictoires. Lors d'un entretien avec un proche du camp pro-saoudien[111], il nous confia que « *le Sénégal était en train de courir un danger sans précédent. Des informations vérifiées confirmeraient qu'il y a une stratégie de l'Iran consistant à attiser la tension entre confréries et wahhabites pour déstabiliser le pays* ». Pendant ce temps, Mame Cheikh Mbacké du mouvement AIS (Association islamique pour servir le soufisme) ne manque pas une occasion de dénoncer une volonté déstabilisatrice des souteneurs du wahhabisme qui « veulent brûler le pays[112] ».

Dans la même logique d'occupation du terrain religieux et médiatique, cette radio vient d'inaugurer une antenne en Casamance à partir de laquelle ces mouvements agissent aussi bien en Gambie qu'en Guinée Bissau voisine. Ce travail de couverture médiatique concerne aussi la diaspora et les Sénégalais résidants aussi bien en Europe et qu'aux États-Unis.

Une diplomatie d'influence entre Da'wah et wahhabisme « tropicalisé »

En réalité, l'usage des symboles efficaces ou de stratégies basées sur l'influence à travers des moyens autres que la puissance militaire ou économique que Joseph Nye a pu appeler « soft power », a été une pratique bien connue avant d'être associée à cette

---

[111] Il est un des principaux animateurs des espaces de discussions sur les réseaux sociaux.
[112] Voir parmi d'autres références son entretien avec le site d'informations Dakaractu.com https://www.dakaractu.com/VIDEO-MAME-CHEIKH-MBACKE-AIS-Certains-Imams-par-leurs-Khutbas-vont-bruler-ce-pays-Nos-guides-sont-insultes-Cet_a156642.html. Consulté le 25/08/2018.

théorie tardive[113]. Même ce que Nye spécifie dans sa théorie sous l'expression de « ressources intangibles » ne couvre pas toutes les trouvailles que les États ont pu mettre au service de leur politique étrangère là où les deux acteurs de Kissinger – le diplomate et le soldat- peineraient à réussir.

L'entrée fracassante des ONG sur la scène internationale mais aussi les groupes de pressions a attiré l'attention des analystes bien après l'expérimentation de stratégies basées sur le religieux, les appartenances communes réelles ou imaginaires. C'est le cas de l'usage fait de la religion dans la politique étrangère de l'Arabie Saoudite suite au vide laissé par l'idéologie tiers-mondiste et le nationalisme nassérien, aidée en cela par le boom pétrolier et l'afflux des pétrodollars.

En effet, depuis les années 1980, il a toujours fallu, pour l'Arabie Saoudite, cibler des pays, des mouvements mais, aussi, des personnes ressources. C'est pourquoi, l'Arabie Saoudite cherchera des points d'appui choisis selon leur position géographique ou leur poids diplomatique.

Le troisième Bureau de la Ligue islamique mondiale s'ouvrit à Dakar et devint, en même temps, le siège du Conseil africain de coordination islamique.

Cette dernière collaborait avec la Fédération des Associations islamiques du Sénégal pourtant sous le contrôle de personnalités soufies appartenant, majoritairement, aux confréries.

De même, la position géographique du Tchad le prédestine, alors, à accueillir le Centre de formation pédagogique de l'ISESCO, l'équivalent de l'Unesco pour les « pays musulmans ».

Ce dispositif est complété par l'ouverture d'une sorte d'« annexe » de l'Université islamique de Médine, à Khartoum, au Soudan, pour accueillir et former de futurs prédicateurs.

---

[113] Joseph S. Nye, *Soft Power: The Means to Success in World Politics*, New York, Public Affairs, 2004.

De ce fait, l'Afrique subsaharienne, est, sans aucun doute, parmi les priorités de la politique d'expansion idéologique ainsi inaugurée par l'Arabie Saoudite. Elle est considérée, dans le jargon des organisations panislamiques comme un des maillons faibles de la 'Ummah, qu'il faudrait sauver et en garantir l'« identité musulmane ».

Cependant, malgré le déni des officiels interrogés à ce propos, plusieurs éléments pourraient permettre de penser à un projet de zone d'influence wahhabite en Afrique. La ligne Érythrée-Khartoum encerclant l'Ethiopie « chrétienne » en passant par Ndjaména traverserait les actuelles provinces du Nord Nigeria appliquant la « Shari'a », le Niger et le Mali, sous effervescence islamiste, pour aboutir au Sénégal, seul pays d'Afrique noire ayant accueilli par deux fois le Sommet de l'OCI et siège régional de la Ligue islamique mondiale.

Pour une plus grande efficacité, à travers ses agences, l'Arabie Saoudite allia, ainsi, prédication et action sociale voire humanitaire (da'wah et ighâtha).

Parmi les décisions prises, suite au Congrès de la prédication islamique tenu au Caire, en mars 1988, notons la création du Conseil Supérieur islamique pour l'Appel et le Secours (al-majlis al-islâmî li al da'wah wa al ighâtha).

L'activité de ce Conseil est placée sous l'égide de la Ligue islamique mondiale, l'outil, par excellence de la diplomatie « religieuse » de l'Arabie Saoudite.

Réagissant au désaveu dont elle est l'objet dans certains milieux islamiques africains se dirigeant de plus en plus vers la Libye ou encore l'Iran, l'Arabie Saoudite n'hésita jamais, de manière réaliste, à s'appuyer sur des personnalités religieuses soufies, mais de grande envergure. Ce fut le cas du marabout Tijânî des Niassènes, Cheikh Ibrahima Niasse, qui participa à la plupart des congrès organisés par la Ligue. C'est que Riyad n'avait pas encore trouvé, en Afrique noire, et au Sénégal, en particulier, des relais qui pourraient rivaliser de prestige avec les marabouts et les chefs confrériques.

Cette pénurie de ressources humaines adaptées ne manque pas de gêner le fonctionnement des différents organismes du dispositif de prédication de l'Arabie Saoudite. Mais, d'un autre côté, cette solution de « rechange » pourrait cacher un pur calcul ou une conscience des réalités socio-historiques locales ; les marabouts ayant, largement, investi le champ religieux sénégalais et profondément marqué l'histoire du pays.

On peut aussi avancer, dans le même temps, l'hypothèse d'un réalisme maraboutique n'hésitant pas à recourir aux aides saoudiennes pour la réalisation d'infrastructures dites « islamiques » comme leurs mosquées et autres écoles. C'est dans ce cadre qu'il faudrait comprendre le fait que des fonds saoudiens aient financé l'Institut Al-Hanafiyya de Louga chez le grand muqaddam de la Tijâniyya, Serigne Abbass Sall dont l'un des disciples, Cheikh Tidiane Gaye, était l'un des plus féroces adversaires idéologiques du wahhabisme.

Récemment, son fils, Serigne Lamine Sall très investi dans la défense du soufisme contre l'assaut wahhabite, a fait d'importantes révélations sur la manière dont les organisations salafistes ont infiltré cet établissement. Il défend une version selon laquelle, le marabout de la Tijaniyya avait été « trahi » par ceux qui ont monté un « coup d'état » idéologique et ont détourné la Hanafiyya de ses objectifs initiaux d'enseignement en la transformant en citadelle du wahhabisme.

Aujourd'hui, les rivalités persistent entre le wahhabisme et l'islam confrérique avec plusieurs facettes notamment doctrinaires. Elles ont été analysées dans les récents travaux de Seydi Diamil Niane[114] qui y a consacré une thèse inédite dont le plus grand intérêt

---

[114] Niane, Seydi Diamil, *Le conflit idéologique entre le wahhabisme et la confrérie soufie Tijāniyya au sud du Sahara : le Sénégal en exemple*, Thèse de doctorat, sous la direction d'Eric Geoffroy, Université de Strasbourg, 2017.

a été une minutieuse étude des textes fondateurs et la manière dont ils structurent ces « conflits idéologiques ».

Néanmoins, l'Arabie Saoudite demeure, de loin, le pays arabe le plus influent dans les milieux associatifs islamiques au Sénégal au regard de son apport financier inégalable mais aussi le symbole religieux qu'elle incarne à leurs yeux abritant les lieux saints de l'islam. Nonobstant la décision des nouvelles autorités saoudiennes pour un meilleur contrôle des flux financiers vers l'étranger notamment pour ce qui est des financements du culte, des réseaux informels arrivent à poursuivre l'action prédicative.

Malgré la concurrence du Qatar dans le domaine de l'humanitaire, l'Arabie Saoudite n'a jamais perdu de vue cet élément non négligeable dans la course aux influences en passant par les associations islamiques qui vont vite se muer en leviers de politique étrangère tout en portant des combats tels que la promotion de l'enseignement dit arabo-islamique.

L'une des personnalités emblématiques de cette influence est Dr. Mouhammed Ahmed Lô, doyen de la Faculté africaine d'études islamiques basée à Pikine en banlieue dakaroise qui s'active aussi dans le cadre d'une ligue des Oulémas d'Afrique qu'il préside.

Ce réseau dense de personnalités influentes proches de l'Arabie Saoudite s'étend aussi au Niger avec le mouvement Izala mais aussi au Mali où l'Imam Mahmoud Dicko préside depuis plus d'une décennie le Haut-Conseil Islamique, paradoxalement, contrôlé par les wahhabites dans un pays à majorité malikite et soufie.

Militantisme islamique et engagement politique à l'heure de la transnationalité

À travers une étude approfondie des associations islamiques par le biais d'entretiens avec leurs principaux acteurs, le mode d'intervention de pays comme l'Arabie Saoudite devient beaucoup plus lisible et sa stratégie approchée sous plusieurs angles.

En somme, les associations islamiques et leur action sont l'illustration d'une diplomatie ou d'une politique étrangère empruntant des circuits loin d'être classiques.

Leur spécificité est d'être en même temps les relais d'influence de la politique étrangère de certains pays donateurs en même temps qu'elles sont actives sur des questions de politique internes telles que l'éducation. On pourrait naturellement en dire autant de certaines ONG ou autres mouvements déroulant des programmes d'action fortement liés à l'agenda de pays ou d'institutions étrangères.

Le débat est d'ailleurs clairement posé sur l'existence d'une véritable société civile endogène dans nos pays tellement son action s'apparente souvent à de la représentation. Ces associations et structures de la société civile dite « séculière » n'échapperaient donc pas totalement aux critiques de ceux qui pensent que leur action serait téléguidée ou fortement dépendante des financements extérieurs.

De même, la naissance des associations islamiques, aussi, est fortement marquée par ce lien avec l'étranger et surtout le monde arabe et des organisations panislamiques.

En s'appuyant, dans leur conflit avec l'État, sur la défense de la langue arabe, support culturel de la religion majoritaire du pays, les associations islamiques se sont toujours affirmées comme porteuses d'alternatives au programme éducatif de l'État laïque qu'ils cherchent à contester.

Mais, en même temps, la promotion de la langue arabe, étant l'un des axes de la coopération entre pays arabes et africains, la revendication interne d'une reconnaissance linguistique s'est, du coup, transformée en enjeu de politique extérieure.

Les interactions, les calculs et les différentes stratégies qui sous-tendant ces relations complexes seraient difficilement perceptibles par des approches institutionnalistes excluant ceux que nous appelons les acteurs ordinaires dans l'approche des faits internationaux.

L'intérêt pour le facteur islamique dans les rapports arabo-africains que nous essayons d'expliciter ici par le cas précis du Sénégal, a pour principale motivation scientifique de mettre en exergue, entre autres, le poids sociopolitique et diplomatique de l'islam dans cette région mais aussi dans ses relations avec le monde arabe.

Ainsi, au-delà des institutions, ce sont les cadres de rapprochement mis en place par les peuples et les « simples » individus qui donnent leur originalité à toutes ces constructions politico-diplomatiques auxquelles sont si peu habituées ceux qui considèrent encore les relations internationales comme une affaire entre États.

Tout en prenant en compte l'interpénétration des facteurs religieux et politiques dans ces rapports, il faudra toujours prêter une attention particulière à la manière dont les appartenances et l'adhésion à un dogme pouvaient susciter le sentiment de constituer une communauté au moins sentimentale.

Les relations informelles prennent toujours le relais face à l'échec, l'insuffisance ou l'impertinence des politiques globales et étatiques.

Reconsidérer les stratégies des acteurs « informels » qui font que l'appartenance religieuse arrive à fournir la matrice d'une politique capable de susciter l'adhésion des masses s'avère d'un apport certain dans l'approche des relations arabo-africaines. Ces appartenances peuvent, sans doute, être d'un enjeu politique important au plan interne comme à l'international. Comme l'a toujours soutenu Maxime Rodinson, ces formes de solidarités sont à la base de « réseaux de normes et de comportements (...) imprégnés de religiosité et surtout de réaffirmation constante d'une existence commune[115]».

Un tel paradigme serait, de loin, plus opératoire que les approches partant de l'existence supposée d'une Ummah au sens d'une illusoire « internationale musulmane » soudée et

[115] Rodinson, M, *ibid.*, p. 89.

politiquement cohérente. Les spécialistes qui partent encore de ce présupposé nourrissent les thèses allant dans le sens d'un « choc » des civilisations largement affaiblies par nombre d'études critiques ayant disqualifié le culturalisme.

Un bloc musulman au sens politique du terme semble aujourd'hui une illusion et une pure construction imaginaire dont se démarquent les chercheurs jusqu'ici les plus récalcitrants.

Même P. Samuel Huntington avait fini par renoncer à la thèse d'un « bloc musulman » cohérent, en rappelant qu'il n'y avait « pas de civilisation moins unie que celle de l'islam[116]», en parlant, à la fin de sa vie, de « conscience commune sans cohésion[117]».

Il serait important en termes de prospective, dans des études ultérieures, d'analyser l'évolution de ces différentes stratégies des pays arabes, dans leur coopération avec l'Afrique noire, par rapport aux nouvelles réalités politiques que connaîtra le Proche-Orient. Le contrôle de l'Irak par les États-Unis, a été une donnée politique qui a inauguré une nouvelle ère dans cette région en mutation dans le sens où il n'a pas été étranger à l'émergence d'une forme de djihadisme des plus violents à partir de la Syrie : Daech.

De même, le gel des avoirs de plusieurs organisations panislamiques ou considérées comme telles suite aux attentats du 11 septembre s'est fait lourdement ressentir chez les associations islamiques sénégalaises avec lesquelles nous nous étions entretenues à l'époque. Mais cela n'avait pas empêché, d'après un responsable rencontré, que des financements provenant d'organisations aussi problématiques que la Fondation Al-Haramayn, aient pu arriver au Sénégal notamment pour la

---

[116] Voir l'interview qu'il a accordée au *New York Times*, reprise par *Courrier International*, numéro spécial consacré à « Islam, le terroriste, le despote et le démocrate », juin-juillet-août 2003, sous le titre « Allô, je voudrais parler au monde musulman ». Il y montre que ce monde est caractérisé par une mosaïque de représentations de telle sorte qu'il serait très difficile de s'adresser à lui (p. 55).
[117] La notion de « Conscience commune sans cohésion » renvoie à l'intitulé de la partie consacrée au monde musulman dans son célèbre ouvrage, qui a été l'objet de beaucoup de critiques.

construction d'un célèbre complexe islamique[118] dans la banlieue dakaroise suite à l'impossibilité de les acheminer vers la Somalie.

L'action des pays du Moyen-Orient envers l'Afrique subsaharienne, répondant, aussi, en partie, à des impératifs politiques internes, on pourrait s'interroger sur la manière dont les nouveaux rapports de force ainsi que le remodelage prévisible de cette région, pourraient influer sur la conduite de leur politique extérieure et ses priorités.

Les changements en Arabie Saoudite et dans le Golfe, après la chute du régime de Saddam Hussein, avaient déjà redéfini les stratégies et ont eu des conséquences sur les mouvements islamiques sénégalais qui, hormis la Jama'atou Ibadou Rahmane, étaient, à l'époque, largement dépendants des pétrodollars.

Il fallait, donc, prendre encore davantage de précautions dans la manière de concevoir le fait religieux qui ne perdra pas de sa vigueur, surtout avec l'accroissement des incertitudes et le besoin constant de légitimation des pouvoirs en place dans ces pays.

Aujourd'hui la compétition entre l'Iran et l'Arabie Saoudite à laquelle s'ajoute la politique d'influence menée par le Qatar devenu la cible de ses voisins, complexifie davantage la situation qui mérite une veille soutenue et une révision constante des hypothèses.

---

[118] D'après un entretien avec un des responsables de cette structure.

3. DES CONTESTATIONS ISLAMISÉES A L'INTERNATIONALISATION DE LA « CAUSE ARABISANTE »

La question arabisante ou l'islamisation des frustrations

Au Sénégal, l'enseignement religieux fait partie du processus d'islamisation massive du pays à travers l'éducation et la diffusion des savoirs.

C'est ce mode d'islamisation par l'enseignement religieux et la formation spirituelle autour de guides charismatiques qui sera à l'origine de l'expansion de la « religion du prophète » qui finira par détrôner, relativement, celle des ancêtres.

En effet, face à un système éducatif imposé à ses débuts, inauguré par des autorités coloniales dont l'un des objectifs premiers déclarés était l'assimilation de l'indigène, les chefs confrériques ont développé l'enseignement religieux comme rempart contre ce que Cheikh Hamidou Kane avait appelé « l'école nouvelle ». L'école « nouvelle » a donc bel et bien, un moment de l'histoire du Sénégal, cherché à supplanter sa devancière qui est l'école coranique.

Ce « péché originel » ne lui sera jamais « pardonné » par ceux qui verront que leur exclusion des affaires publiques est naturellement liée à leur non maîtrise de la langue du colonisateur devenu « officielle ».

Ainsi, ces écoles coraniques appelées « daara » en wolof, vont être créées à l'image des *madâris* (pluriel de *madrasah*) du Maghreb. On peut même dire que la méthode utilisée par ces écoles fut calquée sur le modèle des mosquées-écoles comme elles se présentent aujourd'hui dans certaines cités religieuses du Maghreb, notamment Fès, Kairouan etc.

La confrérie Tijâniyya, entrée très tôt au Sénégal par le biais des échanges entre les deux rives du Sahara, avait déjà largement contribué à l'adoption de telles méthodes comme facette parmi tant d'autres de l'énorme influence culturelle du Maroc en Afrique noire majoritairement musulmane.

Certainement, le voisinage avec la Mauritanie et surtout le *bilâd Shinqît*, prolongement du modèle religieux et culturel marocain, sera un élément non négligeable pour saisir la similitude prononcée entre les daaras et les madâris[119] du Maghreb.

Le même processus s'est poursuivi à travers des siècles d'échanges et de brassages entre les deux rives du Sahara perpétuellement liées aussi bien par l'histoire que la géographie.

Mais, en plus de cet enseignement traditionnel, depuis la fin des années 1970, de nouvelles écoles se sont créées avec une volonté de modernisation.

Il faut dire que leur objectif initial fut de moderniser l'enseignement de l'islam et de l'arabe mais aussi de proposer une autre « modernité » à toute une frange de la population qui avait besoin de pallier leur méconnaissance du français, langue enseignée et pratiquée uniquement dans des écoles qu'elles n'ont jamais voulu ou pu fréquenter.

Ces nouvelles structures portèrent ainsi l'appellation d'écoles « franco-arabes » avec un enseignement obligatoire de la langue officielle du pays, le français. Mais cela n'a jamais pu régler la question de la marginalisation ou de l'auto-marginalisation des « arabisants » hors du système officiel d'enseignement institué par l'État postcolonial.

Les pays arabes ayant développé une coopération culturelle avec le jeune État sénégalais indépendant offrirent, alors, des bourses d'études dans les plus grandes universités du Machrek à Al-Azhar puis à Médine, à Damas, à Baghdad etc.

Une fois dans les pays arabes, on orientera systématiquement ces sénégalais dans les filières d'études littéraires et théologiques

---

[119] Pluriel de « madrasa » , école en arabe.

en les considérant comme de futurs imâms ou *du'ât*, prédicateurs devant contribuer à l'islamisation de leur société d'origine.

Il faut rappeler qu'il y a eu (et encore aujourd'hui), une vieille croyance à une mission d'islamisation de l'Afrique noire par ce biais surtout dans les conceptions saoudiennees des relations arabo-africaines où le continent noir est vu comme un éternel « maillon faible » de la « 'Umma ».

On parlait même, en son temps, d'un devoir de secours de « peuples musulmans » menacés par la « christianisation » ou l'«occidentalisation » culturelle.

À leur retour au bercail, les anciens étudiants se regroupent dans le cadre d'associations puis de syndicats afin de promouvoir et de défendre l'enseignement de l'arabe, leur seul débouché pour entrer dans la vie active.

La formation des étudiants sénégalais dans les pays arabes étant essentiellement linguistique ou religieuse, la contestation du système laïc et francophone qui ne leur fait pas de place se fera souvent sous la bannière de l'islam et de ses « valeurs ».

Ainsi au modèle d'éducation laïc de l'État sénégalais, les arabisants vont opposer ce qu'ils appellent « l'éducation islamique » qui ne peut passer, selon eux, que par l'enseignement de l'arabe et de l'islam.

Ayant pu nouer des relations, au cours de leur formation, avec des organisations islamiques et des partenaires privés dans les pays arabes, certains arabisants sont aidés par ces derniers pour la construction de nouvelles écoles où l'enseignement dispensé tente de moderniser le curriculum traditionnel, coranique, aux nets penchants soufis. Il n'est pas rare que ces partenaires, en même temps qu'ils contribuent financièrement, orientent les méthodes et les contenus de l'enseignement.

Une dualité durable du système éducatif sénégalais

L'État sénégalais s'est retrouvé, de ce fait, depuis l'indépendance, dans une posture inconfortable : comment affirmer sa souveraineté dans un domaine aussi fondamental que l'éducation tout en cédant à quelques exigences des arabisants pour ménager la susceptibilité des pays arabes « amis », pourvoyeurs de pétrodollars dans le contexte économique des années 1970 ?

En plus de ces incidences politiques internes, la lutte pour la reconnaissance des arabisants tend à devenir, en même temps, un enjeu de politique extérieure et va au-delà de la simple question linguistique qu'elle posait au départ.

Cette lutte placée sous la bannière d'une défense de l'islam est forcément traversée, entre autres, par les problématiques de la laïcité de l'État, du modèle éducatif « importé » et de l'insertion économique et sociale d'une élite politiquement « frustrée » mais religieusement très influente.

De ce fait, l'enseignement religieux a toujours été le sujet d'un débat houleux opposant les « Anciens » et les « Modernes » mais aussi, à travers l'histoire du pays, un enjeu politico-religieux majeur. Les régimes successifs à la tête de l'État l'ont toujours abordé de façon évasive ou traité de manière conjoncturelle ou à des fins électoralistes ignorant. Peut-être que nous sommes là face à l'une des questions essentielles du Sénégal contemporain.

Il est sûr que pour saisir cet enjeu majeur et la sensibilité de ce débat pour tous les régimes depuis l'indépendance, il faudrait remonter à la politique coloniale en matière d'éducation ainsi que ses objectifs affichés de contrecarrer l'expansion de l'islam par ces écoles coraniques[120].

Simplement, il faudra retenir que cet imaginaire d'un pouvoir politique hostile au développement de ce qui, dans le discours

---

[120] Voir SAMBE Bakary, *Politisation de formes de religiosité apolitique : l'exemple des confréries musulmanes au Sénégal*, Mémoire DEA Science Politique, sous la direction de Chérif Ferjani et Lahouari Addi, Institut d'Etudes politiques de Lyon, 1998.

politique des associations islamiques sénégalais, est désigné sous l'expression d'enseignement arabo-islamique, est constant et omniprésent.

C'est peut-être la raison pour laquelle, aucun des régimes successifs, de Senghor à Macky Sall, n'a pu ou voulu trancher cette question arabisante se contentant de la gérer au fils des mandats, avec des réformes jamais achevées, pour finir par la « transmettre » telle une « patate chaude » au prochain gouvernement et…à la postérité.

Aux sources de l'islamisation de la contestation du système éducatif

Depuis les années 1950, il y a toujours eu de grands projets de construction d'instituts islamiques dont la langue d'enseignement est l'arabe afin de suppléer aux écoles publiques de l'État. Il y a une forte croyance selon laquelle, l'école publique ne correspond pas à une offre satisfaisant aux besoins d'éducation religieuse dont les familles sont demandeuses.

Ces instituts sont, à l'origine, construits grâce à l'aide de certains pays arabes comme l'Arabie Saoudite et, plus récemment, le Qatar ou les autres monarchies pétrolières. Ils sont gérés par les associations ou mouvements islamiques qui ont du temps pour pouvoir être reconnus dans leur rôle de structures d'éducation dignes de ce nom.

Mais, cette question dite de l'enseignement arabo-islamique est au centre d'un débat ou conflit politico-religieux toujours latent entre les politiques et les arabisants. Ces élites intellectuelles « frustrées » par le traitement qui leur est réservé ayant acquis une formation supérieure dans les pays arabes et dans une langue qui n'est pas celle de l'État et de ses institutions.

Afin de mieux comprendre les différentes facettes de la contestation du modèle éducatif institutionnel de la part des associations islamiques, l'on procédera à une analyse du discours qu'elles tiennent à son égard.

Pour ce faire, nous nous appuierons sur un travail de terrain mené auprès d'acteurs associatifs et responsables de mouvements islamiques locaux qui ont aujourd'hui revu certaines de leurs positions. Ces dernières ont beaucoup évolué, aujourd'hui, au regard de la sensibilité de la thématique du rapport entre politique et religieux dans le contexte de la crise sahélienne et de la surveillance policière accrue[121].

Il est un fait que toutes les associations islamiques déclarent, dans leurs objectifs, un souci prononcé pour l'éducation eu égard au rôle d'encadrement social qu'ils assument dans une société fortement religieuse.

Les associations islamiques sont, à l'origine, constituées par d'anciens étudiants sénégalais des universités arabes en plus d'une masse critique d'individualités dont le cursus scolaire et académique s'est fait en langue arabe.

Cependant, derrière leur lutte pour plus de reconnaissance de l'enseignement de l'arabe et de l'islam, pointe, entre autres, un souci d'insertion professionnelle et sociale. Issus de ce même enseignement, ces anciens étudiants des facultés de théologie et de langue arabe du Maghreb comme du Machrek ne peuvent, généralement, s'insérer dans aucun autre secteur de l'économie formelle, la langue de travail étant le français.

Des pays comme l'Irak alors baasiste ou encore la Syrie, donnaient la possibilité aux étudiants ressortissants africains de se spécialiser dans les sciences y compris la médecine et l'agronomie. Paradoxalement, en même temps que l'on reconnaissait, dans les années 1970, les diplômes et qualifications de sénégalais ayant étudié en langue russe dans les pays de l'Est, l'ingénieur et le médecin formé au Machrek étaient systématiquement orientés vers l'enseignement de l'arabe !

---

[121] Il s'agit d'entretiens avec des responsables de mouvements islamiques pendant et après notre thèse de doctorat sur « l'islam dans les relations arabo-africaines », préparée sous la direction de M. Chérif Ferjani et soutenue en décembre 2003, à l'Université Lumière Lyon 2.

Mais, depuis l'ouverture des pays du Golfe à l'économie mondialisée, cette donne tend à changer avec un « entreprenariat arabisant » tourné vers cette région. Il arrive que dans le cadre de plaidoyer pour une meilleure intégration des diplômés arabisants, certains précisent qu'ils luttent plus pour la reconnaissance que pour l'intégration dans les circuits de l'État. La nuance est assez révélatrice de l'évolution de cette cause avec, certes, des constantes mais subissant les mutations de la société et du rapport entre État et religion au Sénégal.

Une langue sacralisée au service de contestations islamisées

La promotion de la langue arabe reste, en plus de la dimension symbolique voire religieuse, une question de survie socioéconomique voire d'affirmation d'une identité pour cette catégorie qui déplore un « oubli d'État » et une négation de son rôle dans la « construction du pays ».

Les associations islamiques essayent, ainsi, dans le cadre d'une lutte continue et d'une série de revendications sociopolitiques, de faire de l'enseignement de l'arabe et de sa reconnaissance leur cheval de bataille.

C'est autour de cet enseignement que les arabisants construisent encore et entretiennent une conflictualité avec l'État, considéré comme « impie » parce que laïc, hostile car ayant adopté la langue du colonisateur de culture « chrétienne »[122].

Ces deux dernières données sont primordiales pour comprendre le discours produit et les attitudes adoptées à l'égard de l'État et surtout de sa politique éducative. Cette critique est encore vivace dans les analyses et sorties médiatiques de Sidy Lamine Niasse, grand patron de presse qui avait même appelé, récemment, à un système de quota « arabisant » dans la répartition des fonctions étatiques. Cette personnalité intellectuelle et

---

[122] Nous tenons ces différentes expressions des propos mêmes des acteurs avec lesquels nous sommes entretenus lors de cette étude.

médiatique est d'ailleurs fièrement brandie comme un modèle de réussite en dehors de l'école du « colonisateur » dans les milieux islamiques du pays.

Cependant, depuis l'indépendance, l'enseignement de l'arabe et de l'islam est la principale activité des associations islamiques à côté des actions sociales. Même l'État a tendance à y affecter injustement les plus diplômés d'entre eux dans d'autres domaines scientifiques dont le pays et son développement auraient besoin.

Ces frustrations accumulées font que dans ces associations, on reproche à l'État de mener une politique éducative « non conforme aux vœux des populations », qui n'a « aucune orientation islamique ou spirituelle ». C'est l'avis de la plupart des leaders islamiques comme Ibrahima Dia de l'Organisation pour l'action islamique (OAI), décédé il y a quelques années et qui déplorait : « *d'une manière générale l'éducation prônée par l'État est vide de tout programme spirituel. [...] elle n'est pas orientée selon les préoccupations des citoyens* [123]».

La critique de cette politique éducative appuyée, principalement, sur sa prétendue « irréligiosité », essaye, en outre, de s'armer d'autres arguments en dehors du motif initial de son rejet par les organisations islamiques.

Ainsi, le thème de l'inadéquation avec les besoins réels est parfois emprunté par les associations au registre de la contestation sociale globale. C'est une manière de s'approprier cette contestation largement partagée en dehors de mouvements islamiques en y ajoutant une dimension religieuse, parfois plus apte que toutes les idéologies à susciter une adhésion plus ou moins massive.

Les mouvements islamiques partent, ainsi, d'une critique initiale axée sur l'irréligiosité du système éducatif prôné par l'État pour aboutir à des considérations d'ordre général afin d'inscrire la

---

[123] Notre étude de terrain faite d'interviews est jalonnée de citations de personnes interrogées par nos soins afin d'être le plus près possible des discours et des appréciations des acteurs réels. C'est un choix méthodologique qui, bien qu'il puisse irriter le lecteur, a le mérite de mieux rendre compte de la réalité que nous voulons décrire.

revendication d'une éducation « religieuse » dans le cadre global d'une contestation qui dépasse largement les seules associations et leurs militants.

De ce fait, de manière assez subtile, elles arrivent à créer le lien entre leurs revendications propres et celles émanant du reste de la société, véhiculée par le biais des formations politiques ou syndicales. En plus, le thème de l'éducation se prête, plus que bien d'autres, à cette forme de manipulation des symboles mobilisateurs dans un pays où il compte parmi les nombreux secteurs névralgiques.

L'Organisation pour l'Action Islamique (OAI), par exemple, tentait d'inscrire cette contestation dans le cadre d'un malaise général avec ses pendants sociaux comme le chômage massif des jeunes et le manque de qualifications : « *on peut dire qu'elle [l'éducation] est sans valeur. Aujourd'hui, il y a beaucoup de diplômés qui chôment* », conclut un de ses responsables, après un long plaidoyer pour l'éducation « islamique » généralisée.

La perception de non-conformité de la politique éducative gouvernementale aux « exigences islamiques », selon les associations qui la déplorent, poussent certains mouvements parmi les plus radicaux vis-à-vis de la nature laïque de l'État à lui dénier toute légitimité.

Pour ces militants actifs sur le champ de la prédication religieuse (Da'wah), il n'est ni explicable ni justifiable de vouloir inculquer une éducation à orientation laïque à des « *enfants de musulmans dans un pays islamique* ».

Les termes utilisés dans ce discours contestataire prennent tout leur sens dans un contexte de conflit permanent avec l'État.

Le discours des militants associatifs est doublement efficace. Sur le plan intérieur, il s'insère dans le cadre d'une contestation de l'action publique. De plus, il constitue le pilier de leur argumentaire pour les requêtes formulées en direction du monde arabe en vue du financement de « projets éducatifs ».

Afin de convaincre les partenaires du monde arabe à leur apporter un soutien financier, les associations islamiques mettent en avant l'argument selon lequel l'enseignement « islamique » ou « arabo-islamique », selon les formulations, est délaissé par les pouvoirs publics d'un pays à majorité musulmane.

Ces mêmes partenaires, se considérant, à leur tour, comme des missionnaires de l'islam, ayant le « devoir » de venir en aide aux musulmans « persécutés » du monde, financent des projets éducatifs afin de « promouvoir » l'enseignement de l'arabe et de l'islam.

Cette présentation un peu simpliste de la situation de l'islam au Sénégal est un thème récurrent dans le discours islamiste et on ne peut compter les organes de presse arabes qui en font l'écho. Cette presse présente les musulmans d'Afrique, en général, comme victimes d'une forme de ségrégation dans leurs propres pays où le pouvoir politique réel leur échapperait et qu'ils seraient sous la domination d'États plus sensibles aux demandes de minorités religieuses (chrétiennes, dans leur entendement), tenant, par le biais de lobbies locaux ou étrangers, les reines du pouvoir.

Ainsi, pour les associations ainsi victimisées, ce sont ces minorités et lobbies qui influent sur l'action étatique et empêchent, par cette influence, l'implication des pouvoirs publics dans la promotion de l'enseignement « arabo-islamique ».

Les groupes qu'ils dénoncent seraient même derrière le caractère laïc de l'État et de ses institutions et donc de sa politique éducative considérée par les militants associatifs comme aux antipodes de l'islam. Cette politique éducative serait même une facette du combat que ces « forces » mènent contre la religion musulmane. M. Ndour[124] soutient : « *En d'autres termes, la notion d'éducation, au regard de l'État sénégalais, signifie tout ce qui est contraire à l'éducation islamique qui est la seule vraie éducation* ».

---

[124] Président d'une association islamique à Dakar, ancien étudiant sénégalais au Soudan.

De la construction d'une conflictualité au choc des modèles

Dans l'optique des mouvements islamiques, le fondement de la perception négative de l'action éducative de l'État se trouve dans l'idée que ce système d'enseignement est légué par la colonisation française. Cette dernière considérée comme « un des premiers ennemis de l'islam » est, selon M. Ndour, « *le prolongement du modèle occidental* », *l'éternel rival, dans la conception islamiste, de celui islamique ou « arabo-islamique »*.

De ce point de vue, la question de l'enseignement religieux ou celui de l'arabe se double d'une autre problématique : celle d'un conflit de modèles ou de valeurs. Tout en dénonçant le caractère laïc de l'enseignement public au Sénégal, les associations combattent, en même temps, ce qu'elles appellent les « valeurs occidentales importées ».

En réalité, elles cherchent, en même temps, à lui opposer un autre modèle provenant du monde dit arabo-musulman. Est-ce le rejet d'une domination « culturelle » pour en accepter une autre ou bien la dernière est-elle inconsciemment incorporée dans le système de valeurs local par le biais de l'islamisation ?

En tout cas cette attitude complexe est une constante dans le discours de l'islamisme sénégalais et de ses acteurs.

Dans cette optique, ce n'est pas seulement un système éducatif et son contenu, une pédagogie ou une politique éducative qui sont rejetés et contestés mais les valeurs qui lui seraient « inhérentes » sont, aussi, remises en cause.

Le constat sévère de Mohamed Ahmad Lô, originellement du mouvement Al-Falah[125] est révélateur de cette attitude plus qu'hostile : « *l'État sénégalais a hérité de sa politique éducative. C'est un échec total* ». Pour lui il y a, en même temps une « *importation de*

---

[125] Mouvement à orientation wahhabite formé par d'anciens étudiants de l'université islamique de Médine, en Arabie Saoudite.

valeurs » à l'origine d'une « déviation des jeunes musulmans du pays du modèle islamique » que son mouvement tente de « restaurer ». Il a par la suite mis en place le mouvement Dârul Istiqâma (Maison de la droiture) avec un important complexe islamique dans la banlieue dakaroise de Pikine. Son Institut est une forme d'annexe de l'Université islamique de Médine du point de vue du curriculum et des enseignements qui y sont dispensés.

Un des responsables de cette organisation avait tenu à préciser que ce complexe fut financé par des fonds provenant d'une célèbre fondation saoudienne qui a connu quelques difficultés de fonctionnement suite au gel des avoirs consécutivement aux évènements du 11 septembre. Cette forme d'aide ne passe pas par les circuits bilatéraux mais emprunte ceux de la « fraternité » et de la « bienfaisance » islamique.

C'est de ce point de vue que l'aide des partenaires arabes est perçue comme participant à la promotion de l'islam et de ses valeurs en terre africaine. Il faut garder présent à l'esprit que le discours et la vision des associations s'inscrivent dans une perspective de « conscientisation » des détenteurs de pétrodollars, « bailleurs de l'islam », comme communément appelés.

Dans cette configuration, les « frères en islam » ont comme devoir religieux de venir en aide aux associations dans un pays où le « modèle islamique » est, à leurs yeux, dominé par un autre : celui laïc ou impie dans leur conception. L'Imam Alioune Badara Ndao qui a été arrêté pour faits présumés de terrorisme n'a eu de cesse de rappeler dans ces différentes conférences largement diffusées par les sites proches du mouvement Istiqâma[126] que l'État sénégalais ne répondait pas aux normes d'une société islamique et que les lois laïques ou positives ne devaient pas avoir droit de cité dans une société majoritairement musulmane comme celle du Sénégal. Il liait cela à un legs colonial français représentant le

---

[126] Sur la chaîne YouTube Degdine.net du mouvement salafiste dirigé par Mohamed Ahmad Lo. Voir https://www.youtube.com/watch?v=XA7u7OTlgZo. Consulté le 19/02/2018.

« pire » des modèles laïcs et dont il fallait se débarrasser par une véritable « éducation islamique ». Il faut dire que cette opinion critique sur la laïcité de l'État est largement partagée au sein des acteurs islamiques sénégalais et dépasse le cadre des seuls mouvements dits réformistes. À titre d'exemple, Sokhna Maï Mbacké Djamil, jeune descendante du fondateur du mouridisme et active dans la défense de la cause féminine, exprime clairement, dans ses nombreuses sorties, sa « ferme » opposition au caractère laïc de l'État sénégalais[127].

Dans le même ordre idées, selon certains responsables comme Mohamed Ahmed Lô, il y'aurait un « vieux complot » occidental à la base de toutes les initiatives visant à affaiblir l'islam et à combattre son modèle dans le monde islamique même par des stratégies d'homogénéisation culturelle appuyée sur le principe laïc et son pendant moderniste. Ahmad Lô met, ainsi, dans ce registre tous les « concepts nouveaux » ou « maquillés » comme il ironise.

Ainsi, en parlant de la mondialisation comme support de cette domination culturelle, Lô n'admet pas qu'on parle de « rupture » mais plutôt d'un « nouveau visage » d'une « même domination ».

Ce leader du salafisme sénégalais explique, d'ailleurs, le « mal d'orientation » des jeunes musulmans du pays par cette vague de la mondialisation culturelle en ces termes : « *Maintenant on nous parle de mondialisation. La mondialisation est quelque chose qui date de longtemps sous l'égide de l'Occident. Ils ont tout fait pour que l'Amérique imprime ses marques au reste du monde. Et maintenant on est dans un pays où les jeunes sont perdus* ».

De la même manière, le mouvement Al-Falah essaye de trouver à « *l'échec de la politique éducative* » de l'État, une explication liée en grande partie, selon lui selon lui, à sa non-conformité aux « préceptes de l'islam ». Il soutient que pour les mêmes raisons, il y a une grande contradiction entre son niveau actuel et l'état du monde contemporain : « *ce qui est bizarre est que l'éducation régresse*

[127] Voir, à titre d'exemple, *Maï Mbacké Djamil dit NON à la laïcité*, https://www.youtube.com/watch?v=IuEZy18e318. Consulté le 28/08/18.

au Sénégal alors qu'on est dans un monde de communication », soutient toujours Ahmad Lô, lors d'un entretien à son domicile.

Ainsi, la volonté des associations de s'approprier la contestation du mal de l'éducation se lit dans les critiques portées à l'égard du système et de la politique éducatifs. Il faut, cependant, noter que leur argumentation, fortement orientée, veut tout ramener à des questions plus ou moins liées à l'islam et au modèle laïc de l'État sénégalais.

L'« exclusion de l'islam » du champ éducatif est, selon les militants associatifs islamiques, la principale cause de son « retard » et de son « improductivité sociale ».

Les mouvements islamiques suggèrent, alors, et exigent toutes l'introduction de l'enseignement religieux dans le système scolaire lorsqu'elles ne demandent pas que l'État délègue certains volets éducatifs, comme la morale, aux associations islamiques bénéficiant, seules, de la légitimité religieuse. Cette revendication transcende les divergences doctrinaires entre soufis et salafistes et devient un leitmotiv d'une lutte pour une « islamisation » du système éducatif qui pêcherait par sa laïcité. Dans ce même ordre d'idées, « *l'enseignement religieux, doit être introduit à l'école ou bien l'État soutient les associations islamiques qui s'en occupent* » comme soutient, Seydi Alioune Boye[128] appartenant à la confrérie Tijaniyya.

L'Amir de la Jama'atou Ibadou Rahmane d'alors, Oustaz Malick Ndiaye de Thiès, quant à lui, ne voyait pas d'alternative au modèle d'enseignement islamique proposé par les associations car toutes les autres politiques se sont, selon lui, soldées par un échec.

Lors d'un entretien au Complexe islamique Bilal à Thiès, Oustaz Malick Ndiaye revint sur le fait incompréhensible que les pouvoirs publics s'opposassent à l'introduction de l'enseignement religieux dans le système éducatif de l'époque car pour lui, « *l'éducation laïque prônée par l'État est un échec* ».

---

[128] Fondateur du Mouvement *Nûr al-Islam*, (lumière de l'islam), par ailleurs, modéré et proche de toutes les confréries du pays.

Ce mouvement est aujourd'hui dirigé par un nouvel Amir, ayant remplacé Serigne Babou du nom d'Abdoulaye Lam qui a fait ses études en Jordanie. Il essaie de renforcer les relations avec d'autres organisations islamiques du monde arabe comme le Soudan, la Tunisie. C'est dans cette logique que s'inscrivent ses récentes visites, notamment, au Maroc auprès du mouvement Al-Adl Wal Ihsân dont le guide spirituel est le défunt Cheikh Yassine.

Depuis l'accession au pouvoir du Président Wade en mars 2000, le vœu d'Oustaz Malick Ndiaye fut vite réalisé ; l'enseignement religieux est introduit dans les écoles publiques sénégalaises en 2001. Néanmoins, la suspicion largement partagée d'un État « anti-islamique » perdure au sein des associations qui se considèrent comme seules détentrices des solutions qui s'imposent.

En d'autres termes, toutes les initiatives étatiques dans ce domaine sont restées sans grand effet et que les associations seraient plus aptes à conduire toute politique y afférant. « *Même les États généraux sur l'éducation religieuse n'ont abouti à aucun résultat* » soutient un militant islamique de la région de Dakar, avant de conclure : « *la demande d'introduction de l'enseignement religieux [dans le système éducatif formel] est légitime d'autant plus que c'est une revendication de tous les musulmans* ».

L'idée d'une évidente corrélation entre ces revendications et une certaine demande sociale persiste dans les discours et plaidoyers auxquels même d'autres intellectuels francophones vont joindre leurs voix.

De plus en plus d'écoles dites franco-arabes sont, ainsi, créées afin de se constituer en alternative au système éducatif laïc, ne répondant pas, selon les associations islamiques, aux réelles préoccupations des musulmans qui représenteraient 95 % de la population sénégalaise[129]. Pour ces associations cette trouvaille est

---

[129] Nous restons tout de même prudent quant aux pourcentages sur la composition religieuse de la population car ce sont des chiffres assez manipulés et qu'il n'y a pas eu de recensement dans ce domaine depuis 1979.

une manière d'enseigner la religion et en même temps permettre aux élèves d'acquérir les bases de la langue officielle – le français – dont la maîtrise, seule, permet d'accéder au terrain de compétition féroce qu'est le marché du travail.

Dans cette lutte pour la défense de l'enseignement de la langue arabe et de l'islam, les associations islamiques tentent, non seulement, de sensibiliser la population locale, mais visent, aussi, à atteindre d'autres pays « musulmans », notamment arabes. En plus de son efficacité pour attirer des financements étrangers, cette stratégie cherche à mettre l'État devant ses « contradictions » et face à ses partenaires arabes chez lesquels il veut maintenir intact son image de pays « arabophile ».

De la question éducative à l'exportation de la contestation

La construction d'une conflictualité autour de la langue arabe et de sa promotion sera facilitée par les antécédents historiques liés à cette vieille revendication qui arrive toujours à se renouveler par son islamisation utilitariste.

Partant d'une assimilation de l'État sénégalais moderne à un legs colonial, les associations islamiques réussiront toujours à entretenir l'idée selon laquelle ses dirigeants seraient hostiles à l'enseignement de l'arabe et donc de l'islam.

Il est vrai que ce passé colonial, constamment revisité et réinterprété, selon les enjeux pour y puiser des arguments ou expliquer les conflits contemporains, est assez propice pour fournir les bases et la matière à une telle construction.

En effet, pour comprendre les subtilités de ces constructions argumentaires ainsi que la position inconfortable des pouvoirs publics, décrits comme les héritiers des « anciens maîtres », il serait utile de rappeler les origines du conflit.

Les différentes dispositions réglementaires qui ont régi cet enseignement montrent le rapport conflictuel qu'ont entretenus acteurs « islamiques », promoteurs et « défenseurs de la langue arabe » et autorités politiques et ce, depuis l'époque coloniale.

Les antécédents du conflit : les arabisants, l'État et la question linguistique

Pour les associations islamiques, actives dans l'enseignement de l'arabe, l'État laïc représente la principale entrave au plein épanouissement de celui-ci. Au-delà des associations, des intellectuels et chercheurs comme Mamadou Youry Sall[130] parlent même d'une « laïcité alibi » afin de ne pas donner à l'islam toute sa place dans la conception des politiques publiques.

Ce combat en faveur d'une meilleure « reconnaissance » des arabisants s'appuie aussi sur le soutien de personnalités scientifiques proches des mouvements islamiques comme Iba Der Thiam sous le magistère duquel la Mosquée de l'Université de Dakar fut construite.

Saisissant l'opportunité d'une présence à l'Assemblée nationale en tant que député, le célèbre historien sénégalais sollicita la tenue des États Généraux des Arabisants par le gouvernement d'Abdoulaye Wade.

Il en fera de même au début du mandat de Macky Sall qu'il interpella sur la « condition des Arabisants » dans le cadre d'une question orale au sein de l'Hémicycle sous la forme d'un plaidoyer reprenant tous les arguments mobilisés par les associations islamiques :

« *Cinquante-trois années après notre indépendance, elle n'a pas connu d'évolution significative, alors que la langue arabe a précédé les langues européennes, d'environ huit siècles, en Sénégambie et que les sociétés précoloniales en avaient fait une des langues de communication, entre eux et les occupants étrangers. Cette dernière a fait l'objet d'un processus de marginalisation, à travers la guerre menée contre les daaras, qui a connu une accélération, depuis 1960. Aucun des Gouvernements, qui se sont succédés, n'a, à ce jour, réussi à prendre, à bras le corps, cette*

---

[130] SALL Mamadou Youry, *Mesure de l'arabophonie au Sénégal*, Presses Universitaires de Dakar, 2017, p. 116.

thématique, pour trouver à la langue arabe et aux Arabisants, la place et la considération qu'ils méritent dans la bataille du développement et dans la culture nationale »[131]

« *Le monde est vieux mais l'avenir sort du passé* » disait le griot Djely Mamadou Kouyaté, transcrit par l'autre célèbre historien Djibril Tamsir Niane dont la sagesse s'appliquerait bien à cette situation qui se nourrit de références du passé pour perdurer au centre d'une contestation islamisée, perpétuellement renouvelée.

Dans leur argumentation, ils essayent de rattacher les faits actuels à l'époque coloniale du Sénégal. C'est là un point de repère historique essentiel dans l'analyse des rapports tumultueux et complexes entre politique et religion au Sénégal.

D'une manière générale, jusqu'aux dernières ruptures induites par les évolutions sociopolitiques, la situation présente de l'islam et des ses rapports avec le pouvoir politique est une continuité des pratiques héritées de la période coloniale ayant profondément marqué l'histoire du pays.

L'argumentation des arabisants met en avant le paradoxe selon lequel la supériorité numérique des musulmans dans le pays n'a pas joué en leur faveur dans le domaine de la formation et de l'éducation institutionnelle. Dans ses *Lumières sur le Sénégal*, Mouhamadou Bamba Ndiaye de la Jama'atou Ibadou Rahmane, évoque ce « paradoxe » en guise d'introduction à ses réflexions « critiques » sur l'« enseignement arabo-islamique » et ses difficultés.

Il faut constamment rappeler que ces mouvements considèrent l'instauration de l'enseignement laïc, dit « français », institutionnalisé, comme relevant d'une volonté d'affaiblissement,

---

[131] http://seneweb.com/news/Politique/le-depute-iba-der-thiam-interpelle-l-rsquo-assemblee-sur-la-condition-des-arabisants_n_86129.html. Consulté le 13/08/2018.

de négation de l'islam et de l'« identité musulmane du pays », selon leur expression.

Mamadou Youry Sall parle même d'une « laïcité enturbannée[132]» qui a « causé des dégâts incommensurables » au Sénégal et à son système éducatif. Il ironise sur les paradoxes des hommes politiques sénégalais en ces termes : « Les élus prêtent le serment laïc : « je le jure au nom de la Nation... » qui n'engage aucune foi, après avoir fait leur prière et sollicité les prières de leur marabout[133]». Sall ira plus loin dans cette critique du système éducatif sénégalais qui serait non conforme à la « culture sénégalao-arabo-musulmane vénérée par la majorité de la population ». Dans sa défense de ce qu'il appelle, « l'arabophonie du Sénégal », il use de ce concept qu'il ne définit pas et qui recèle nombre de confusion dans le sens d'une réduction des diversités culturelles qui fondent l'identité globale d'un pays alors qu'on aurait pu parler de « wolofophonie », de « sérérophonie » ou de « pulaarophonie » qui toutes participent de la diversité des apports linguistiques pas forcément reconnus à la mesure de leur influence.

C'est tout le problème de cette catégorie de militants ou de chercheurs qui dans leur démarche apologétique d'une « arabophonie » en arrivent à oublier la part de domination culturelle par le biais de l'islam, la même domination qu'ils reprochent à l'instauration du français, en tant que langue qui a été, aussi, promu par l'Église et les missions chrétiennes. De longues discussions toujours non conclues avec Sidy Lamine Niass allaient, aussi, dans le même sens d'une sacralisation de la langue arabe au point d'en subir une forme de domination culturelle « incorporée ». Il nous a toujours réitéré que la langue arabe n'était pas une langue étrangère au Sénégal au même titre que le français.

Mouhamadou Bamba Ndiaye qui, en son temps, avec le Journal l'*Étudiant Musulman*, en était arrivé à déclarer comme « apostat » des intellectuels comme Cheikh Anta Diop et soutient

---

[132] Sall, *ibid.*, p. 119.
[133] Sall, *Ibid.*

exagérément dans cette même logique, que l'enseignement laïc a comme objectif majeur de pousser la majorité musulmane du pays à « *l'apostasie ou, du moins, tente d'en faire des musulmans ne connaissant de l'islam que le nom, ne faisant pas la distinction entre le licite et l'illicite.* [134]»

Ndiaye poursuit, en rattachant ce fait à l'« œuvre » de la colonisation qui, selon lui, a « *dépouillé les musulmans de leur identité musulmane*[135]».

Pour l'ex-militant de la Jama'atou Ibadou Rahmane, ce furent les mêmes raisons qui conduisirent les autorités coloniales françaises à persécuter des oulémas et cheikhs et à mettre sur pied des règles dont le seul but sera de « barrer la route à tout développement de l'enseignement arabo-islamique ».

Cet acteur important du courant islamiste sénégalais converti au journalisme a, finalement, été nommé sous Abdoulaye Wade Ministre-conseiller chargé des affaires religieuses.

Ses positions se sont beaucoup modérées surtout par les missions qui lui ont été confiées, notamment, dans l'organisation d'un sommet islamo-chrétien avant qu'il ne rejoigne, une formation politique « laïque », le Grand parti de Malick Gackou et finir par soutenir Macky Sall.

Il est vrai que, de par le passé, ses activités militantes ont pu contribuer au durcissement du discours « islamique » à l'égard de l'État « laïc » et des intellectuels francophones qui adhéraient à ses principes, notamment au sein du campus de l'Université de Dakar.

La narrative de Ndiaye a, tout de même, forgé un état d'esprit et une attitude hostile à la forme laïque et républicaine de l'État de même qu'elle a beaucoup contribué à attiser une conflictualité latente et encore présente dans les discours.

---

[134] NDIAYE Mouhamadou Bamba, *Adwâ' 'ala Siniqhâl* (Lumières sur le Sénégal), ouvrage préfacé par le secrétaire général adjoint des Frères Musulmans, Moustapha Mashhûr D'après notre traduction à partir de l'arabe, p. 22-23.
[135] *Ibid.*

Les arguments qu'il avait développés pendant des décennies ont toujours marqué les rapports entre les mouvements islamiques et les autorités étatiques. Ils seront porteurs lorsqu'il s'agira, pour les mouvements islamiques, de présenter leur projet de promotion de la langue arabe, auprès de leurs financiers du monde arabe.

Cause arabisante ou intangibilité des incohérences héritées de la colonisation ?

La « cause » des arabisants fait partie de ces questions qui opposent non seulement l'État et les associations qui n'y voient pas d'améliorations significatives mais, aussi, deux visions de ce que devrait être un État sénégalais.

Entre les partisans d'une « République sénégalaise » - l'expression est d'Abdou Aziz Mbacké - et les pourfendeurs d'une imitation irréfléchie du système français, il y a tout un discours contestataire qui puise une partie de la sa légitimité, au moins intellectuelle, des incohérences politiques qui datent de la colonisation.

Sans dédouaner cette dernière, ses incohérences en question ont été perpétuées par l'État sénégalais indépendant qui n'a pas pris en compte la nécessité d'une adaptation sociologique instituée en dehors des bricolages qui ne résistent pas à une fine analyse décelant des inconséquences exploitables à dessein par les mouvements islamiques.

« *On n'a pas bien appliqué la troisième loi de Jules Ferry relative à la laïcité de l'école. Celle-ci préconisait que l'École doit être le lieu intermédiaire entre la famille, dont elle prend « naturellement » la relève et la société. Parce que sans cela, l'école publique ne représenterait jamais celle de la République* ». C'est par cette assertion ironique que, Mamadou Youri Sall[136], l'un des défenseurs de « l'arabophonie du Sénégal » introduit le débat sur les « incohérences » d'une laïcité « militante » qui a fini par tomber dans des contradictions faisant le

---

[136] Sall, *ibid.*, p. 119.

lit du discours de rejet relatif du système éducatif sénégalais de la part des mouvements islamiques.

Le procédé emprunté par ces militants est omniprésent dans la construction du discours idéologico-politique. Pour les porteurs d'un tel discours, il suffit, en fait, de savoir problématiser, orienter, surtout chercher un bouc émissaire et jouer sur les sensibilités religieuses même en tant que simple moyen. Ensuite, les stratégies à adopter fluctueront en fonction des enjeux et des situations. Finalement, ce n'est qu'un simple problème de gestion, politiquement rentable, de passions et de symboles rassembleurs.

La publication du *Livre blanc sur l'enseignement de l'arabe* par le Syndicat des enseignants en langue arabe, obéira, d'ailleurs, à la même logique en replaçant la question dans le contexte conflictuel dans lequel se sont trouvés l'islam et la colonisation française dans l'Afrique de l'Ouest de la fin du XIXème et du début du XXème siècle. L'évocation de la période coloniale en temps que référent historique par lequel on justifie tous les maux d'aujourd'hui, n'est, finalement, pas l'apanage des seules élites politiques qui ont du mal à sortir d'un post-colonialisme parfois confortable.

S'appuyant sur l'opposition entre colonialisme et islam, le *Livre Blanc de l'enseignement arabe,* aussi, part des constructions du type idéologique en faisant une lecture utilitariste de l'histoire réelle, en ces termes : « *Quand les colons firent irruption au Sénégal, ils y trouvèrent un peuple foncièrement musulman et par voie de conséquence l'enseignement religieux était source de préoccupation dans presque tout le terroir. Face à cette réalité, les colons entreprirent un grand nombre de ruses voire de contraintes pour barrer la route à l'expansion de l'enseignement arabo-islamique.*[137]»

Il est vrai que les autorités coloniales françaises ont eu une attitude négatrice à l'égard des héritages religieux et culturels en Afrique subsaharienne. De même, le fait que l'islam ait été présent au Sénégal depuis plusieurs siècles n'a jamais été pris en compte dans l'élaboration des politiques éducatives. C'est comme si tout ce

---

[137] *Livre Blanc sur l'enseignement de l'arabe*, p. 4.

passé commun entre royaumes africains et cours royales maghrébines n'avait jamais eu d'existence historique. D'ailleurs, tout contact entre ces peuples de part et d'autre du Sahara sera vu avec un œil suspicieux par ces mêmes autorités qui mettront en œuvre une politique ciblée dont le but sera d'empêcher ou de limiter au minimum les contacts et les échanges entre l'Afrique subsaharienne et le Maghreb sous le même joug français.

Suivant la même logique, dans le cadre des réformes de sa politique générale de la colonie, le Gouverneur français, Général Louis Faidherbe (1854), avait entrepris une « *restructuration de l'enseignement arabo-islamique* ». Il fut le concepteur des « tribunaux musulmans » institué par la République française dans ses colonies que réclament, de nouveau, aujourd'hui les mouvements islamiques du Sénégal et d'autres pays de la sous-région.

Il est vrai que le Général Faidherbe a été à l'origine d'une immixtion sans commune mesure de la République « laïque » dans les affaires religieuses et surtout l'enseignement qu'il qualifia d'arabo-musulman.

Dans cette logique, un arrêté, pris par lui, visa à définir les conditions d'ouverture d'écoles enseignant l'arabe et les préceptes de l'islam. L'arrêté, publié le 22 juin 1857, stipulait en substance : « *l'ouverture d'une école arabe coranique est désormais assujettie à une autorisation délivrée par les autorités coloniales françaises* ».

Selon ces dispositions, le candidat, futur enseignant dans une école coranique devait remplir certaines conditions et même subir un examen. En plus, un certificat de bonne conduite à obtenir des mains des autorités coloniales est requis. Ce certificat de bonne conduite n'avait d'autre but que de disqualifier les éventuels « subversifs » à l'« ordre colonial ». Au total, neuf décrets furent publiés, à ce sujet, entre 1854 et 1910, par les différents gouvernements qui se succédèrent de Faidherbe à Camille Guy.

Il est sûr qu'à partir de ce fait historique, les milieux arabisants et/ou « islamistes », ont tous les arguments conséquents pour considérer le système colonial comme étant à l'origine de tous les maux dont souffre l'enseignement arabo-islamique ou arabo-musulman, comme ils se plaisent à le qualifier. Cette cause arabisante ne résulterait donc, d'après leur perception, que de l'intangibilité des incohérences héritées de la colonisation.

D'ailleurs, le « Syndicat des Enseignants Arabes » n'hésitera pas à y revenir très fréquemment pour rattacher la situation actuelle à un passé plein de références mobilisables au service d'un combat toujours actuel. « Ainsi, note ce syndicat, si nous jetons davantage un regard dans l'histoire, nous comprendrons à juste titre, que la colonisation n'a pas lésiné sur les moyens pour enrayer l'enseignement arabo-islamique [138] ».

Les conditions qu'exigeait l'Administration coloniale étaient difficiles à réunir. Cette législation à outrance, aussi, finissait par refléter une certaine hostilité à l'enseignement qu'elle voulait réglementer. *In fine*, elle poussa les concernés à passer outre toutes ces règles qu'ils trouvèrent inacceptables et finirent par s'y opposer. C'est ce que remarque ici, dans le *Livre Blanc*, le Syndicat des enseignants arabes : « *Les musulmans s'étaient constitués en bloc homogène mais vigilant face aux grands moyens dont disposait le colon et finalement la foi triompha d'autant plus que le colon ne réussit jamais à appliquer sa politique de déstabilisation de l'enseignement arabo-islamique. D'ailleurs, les maîtres d'écoles coraniques de la campagne ont toujours montré leur hostilité aux arrêtés coloniaux et, même, certains cheikhs des grandes villes, à l'instar de Saint-Louis[139], continueront à*

---

[138] *Livre blanc sur l'enseignement de l'arabe au Sénégal, ibid.*, p. 4.

[139] Saint-Louis du Sénégal est une ville symbolique aussi bien pour son passé colonial que religieux. Rappelons que les Almoravides y construiront la première mosquée de la région et les missions catholiques, avec l'ère coloniale, la première église. L'appellation Saint-Louis relève purement d'une volonté de francisation car le vrai nom de la ville est Ndar que certains croient dériver de « *dâr al-islâm* », le domaine de l'islam. Cette ville a toujours été un centre de la culture savante et garde, encore aujourd'hui, l'image d'une cité religieuse. Il y a même tout un mythe selon lequel tous ceux qui ont fait l'histoire du Sénégal, sur le plan religieux ou politique, ont eu un passage obligé à Saint-Louis.

dispenser l'enseignement de l'arabe et des sciences islamiques sans se soucier outre mesure de l'intransigeance du colon [140]».

La réglementation commençait à peser lourd et enlevait aux différents arrêtés tout caractère objectif. À titre d'exemples, l'arrêté du 22 juin 1857 comportait, outre les conditions citées plus haut, d'autres nombreuses dispositions qui ne faisaient que verser davantage dans l'excès et l'intransigeance. Certains décrets exigeaient, par exemple, que le requérant pour l'ouverture d'une école coranique pût justifier qu'il était de la ville de Saint-Louis et qu'il y eût résidé pendant au moins sept ans !

En plus de toutes ces contraintes, comme en attestent plusieurs correspondances dans les *Archives Nationales du Sénégal*, un rapport mensuel devait être remis au Gouverneur français afin de prouver sa loyauté à l'Administration coloniale.

L'énumération de ces faits historiques permet de mieux expliciter l'attitude que les arabisants eurent à l'égard des autorités politiques, de l'enseignement institutionnel en français et la manière dont l'enseignement de l'arabe et de l'islam servira d'argument lorsqu'il s'agira de convaincre les partenaires du monde arabe pourvoyeurs de pétrodollars ou d'aide en faveur de cette « école en lutte ».

De la politisation des frustrations comme levier d'influence

Dans la logique de ce qui précède, il faut, de toute manière, intéresser les partenaires donateurs au « conflit », pour attirer leurs financements et leur soutien. Les mouvements islamiques firent de l'enseignement de l'arabe et de l'islam leur cheval de bataille contre l'État laïc et son système éducatif considéré comme étant aux antipodes de leur religion. La victimisation et le discours islamisant la contestation d'un État qui n'intègre pas des diplômés en langue arabe feront écho chez certains partenaires étatiques et organisation sensibles à la « situation des musulmans dans le monde ».

---

[140] *Livre blanc sur l'enseignement de l'arabe au Sénégal*, p. 4.

C'est pourquoi, dans leur argumentation, les arabisants puisent de l'histoire d'innombrables images fortes de ce duel islam/colonisation afin de conforter certains axes de leurs thèmes favoris qui alimentent leur discours idéologico-politique.

Dans cette configuration, il faut toujours un « ennemi extérieur » ou considéré comme tel pour renforcer la cohésion interne du groupe et des défis pour entretenir le conflit. Il est vrai que l'attitude très subjective des représentants de l'Administration coloniale leur fournit assez de matière avec toutes ses inconséquences politiques qui rattraperont, à chaque fois, l'État sénégalais indépendant, tel un « péché originel » dont il a toujours du mal à se départir.

Pour les « défenseurs de la langue arabe », l'Administration coloniale, avec son penchant assimilationniste, était inséparable de la « mission originelle » de l'Église catholique, qui, il est vrai, de temps à autre, prêtait main forte à la première.

Les autorités coloniales n'hésitèrent pas, parfois, à tomber dans la partialité, très loin de la neutralité et de des principes laïcs professés par les républicains en Métropole.

Au moment où la neutralité religieuse qui avoisinait un certain « laïcisme », était en vigueur dans la France de la IIIème République, les autorités coloniales s'offraient les bons offices de l'Église catholique et s'alliaient des marabouts ou s'appuyaient sur les uns contre les autres.[141]

Mouhamadou Bamba Ndiaye, nous rappelle, à juste titre, que l'Administration coloniale exigeait des maîtres d'écoles coraniques d'envoyer leurs élèves de plus de douze ans, suivre les cours du soir en français dispensés par la Mission catholique.[142]

D'autres règles encore plus absurdes furent ajoutées à cet arsenal juridique. Il y eut, par exemple, un arrêté stipulant qu'il était désormais interdit aux écoles coraniques d'accepter des élèves

---

[141] C'est le même procédé que celui qui conduit les Français à se servir de la Tijâniyya contre 'Abd al-Qâdir, en Algérie.
[142] NDIAYE Mouhamadou Bamba, *Lumières sur le Sénégal*, pp. 24-25.

âgés de 6 à 15 ans aux heures d'ouvertures des « écoles françaises ». Si l'on sait qu'au début de la scolarité instituée par l'école publique française, l'enseignement public était confié aux missionnaires catholiques, on comprend mieux l'hostilité – de nos jours vivace - des chefs religieux musulmans à ces dispositions réglementaires et à l'école française qu'ils n'ont jamais conçue comme véritablement laïque.

Héritage colonial et « péché originel » de laïcité : les moteurs du discours contestataire

L'ensemble des mesures prises depuis la période coloniale constitue, pour les défenseurs de l'enseignement « arabo-islamique », un arsenal juridique relevant d'une tentative d'immixtion de l'État laïc dans les affaires religieuses qui déclara ouvertement la guerre à une forme d'enseignement religieux en laissant libre cours à un autre politiquement promu et financièrement soutenu.

Plus tard, d'autres moyens seront mis en œuvre, par l'Administration coloniale, pour favoriser l'enseignement du français au détriment de l'arabe. Une aide financière était accordée aux seuls maîtres d'écoles coraniques acceptant d'enseigner le français quelques heures par semaine. En fait, ce n'est pas seulement le caractère laïc qui est reproché à l'État depuis sa version coloniale mais les effets des inconséquences dans l'application même du principe de laïcité. Ce fait sera noté dans les nombreuses décisions émanant de l'autorité coloniale dans sa gestion du culte et de l'enseignement religieux.

Dans cet ordre d'idées, à l'initiative des autorités françaises, sera créée l'*École des Fils de Chefs, des Interprètes et des Otages* à Saint-Louis, capitale du Sénégal colonial mais aussi ville-phare de l'islam depuis ses contacts avec les armées Almoravides, au Moyen Âge.

L'École des Fils de Chefs aura pour mission de former les élites lettrées des cercles religieux et traditionnels *Ceddo* (lire *tieddo*) afin d'en faire le noyau indigène de l'Administration coloniale.

Rappelons que, dans le cadre des efforts plus ou moins conciliants de Faidherbe d'établissement de meilleurs rapports avec l'islam, on y enseignait l'arabe et le *fiqh* pour former des cadis « bien encadrés », servant, plus tard, d'auxiliaires dans les tribunaux indigènes.

D'ailleurs, parmi ces inconséquences que ne manquent jamais d'exploiter les mouvements islamiques actuels face à l'État sénégalais, le fait que des tribunaux musulmans aient été instaurés et promus par la France laïque en pleine troisième République ! En fait, ils exigent que l'État sénégalais indépendant accepte « au moins » d'être au même niveau d'ouverture que l'Administration coloniale en se référant au « droit musulman » en matière civile.

Le fait essentiel qui résultera de cette politique, malgré ses contradictions, était que, désormais, selon la logique de Faidherbe, la maîtrise du français, devenait un gage de réussite et d'ascension sociale et constituait, de ce fait, un atout majeur dans toute l'Afrique noire.

Cet atout sera d'autant plus consistant que même les cercles religieux et traditionnels s'en saisiront. La politique de Faidherbe prouvera, de ce fait, son efficacité car visant, en premier lieu, les deux catégories ayant le plus farouchement combattu la colonisation française au Sénégal.

L'« école française » - ainsi désormais appelée - attirera de plus en plus d'« indigènes » au détriment de l'école coranique où l'enseignement, en arabe, ne permettait pas d'accéder aux métiers les plus valorisants d'alors : postiers, interprètes, garde de cercle, tirailleurs sénégalais ou, au plus, chef de canton sans pouvoir réel.

Selon la rhétorique des militants islamiques, l'« école nouvelle » recrutant, aussi, dans les cercles religieux, privera l'islam sénégalais de voix prédicatives capables de se faire entendre. Mais, comme le soutient un personnage de *l'Aventure*

Ambiguë, il fallait, désormais, aller « apprendre chez eux (les Français) *l'art de lier le bois au bois et l'art de vaincre sans avoir raison*[143]».

Dans les milieux de l'islam politique, on implique encore à ce phénomène, la situation de « faiblesse des musulmans » dans un pays où ils sont majoritaires et où la langue de leur livre sacré ne permet pas une ascension sociale ou une participation minimale aux affaires de la Cité. Selon cette rhétorique, c'est à cause de l'« École Nouvelle [144]» que « *les musulmans se trouvent aujourd'hui dans une situation affligeante dans un pays où ils représentent environ 95% et où ils ne sont que d'un faible poids* [145] ».

Dans cette argumentation, on établit, ainsi, un parallèle avec les autres composantes religieuses de la société sénégalaise, notamment les chrétiens qui, selon lui, « sont moins de 5% et ont la main mise sur les centres (de décisions) stratégiques, soit dans l'armée, l'enseignement, la radio et la télévision ».

On peut, aisément, remarquer qu'un tel discours a dû foncer les traits dans ce tableau sociopolitique du Sénégal qu'il dresse sciemment. Mais ce qui importe le plus, ici, c'est le raccourci emprunté, constamment, pour arriver à convaincre en misant le plus possible sur le caractère symbolique voire sacralisé de la langue du Coran.

D'ailleurs, pour toucher la sensibilité des partenaires d'obédiences salafiste ou wahhabite, parmi tant d'autres, Mouhamadou Bamba Ndiaye conclura, de manière ramassée, par une critique du système des confréries soufies, pourtant, plus représentatives de la réalité islamique au Sénégal[146].

---

[143] Cheikh Hamidou Kane, *l'Aventure Ambiguë*, Présence Africaine, 1962.

[144] Par rapport à l'école coranique qui est le modèle d'enseignement historiquement plus ancré bien avant le début de la conquête coloniale.

[145] Voir Ndiaye, M. Bamba, *Adwâ'un ala-sinighâl*, p. 24. Nous traduisons de l'arabe.

[146] Durant l'entretien qu'il nous accordera à Casablanca le 22/04/2002, il se défendra d'avoir une quelconque relation avec l'Arabie Saoudite. Il faut savoir que ce personnage-clé de l'islamisme sénégalais des années 80 s'est depuis peu

Au même titre que l'école française, il imputera aux confréries soufies les raisons de la « faiblesse des musulmans »[147], pour ce qu'elles sont, selon lui, à l'origine de leur division en plusieurs obédiences.

Lutter ici et mobiliser là-bas : Enjeux « diplomatiques » de la cause arabisante

Les associations islamiques et leurs militants sont conscients de l'efficacité d'une telle démarche surtout pour susciter la solidarité au nom de la religion de la part des organisations ou pays du monde arabe. Il suffit, aussi, de critiquer, d'attaquer le système confrérique et d'implorer le soutien des « frères en religion » appelés à aider une communauté musulmane à la fois majoritaire et « victimisée ». C'est ce qui permet aux partenaires arabes, États, organisations, comme individualités, se sentant investis d'une mission prédicatrice, de mobiliser des fonds en leur faveur et en celle d'une exportation du dogme « orthodoxe » de l'islam.

L'enjeu culturel et politique que représente l'enseignement de l'arabe et ses promoteurs pour les autorités successives du pays ne perdra en rien sa portée au fil des régimes qui se succèderont depuis l'indépendance.

Comme nous l'avons longuement évoqué plus haut, déjà, avant l'indépendance, l'enseignement de l'arabe et de l'islam a toujours été au centre des préoccupations - sécuritaires - de l'Administration coloniale. Son enjeu politique, proprement dit, ne fera que s'accentuer par la suite. Rappelons que lors des rudes compétitions électorales qui opposèrent Lamine Guèye à Ngalandou Diouf, respectivement, en 1924 et 1927, cet

---

éloigné du terrain sénégalais et des mouvements islamiques et se consacre à une carrière journalistique au sein d'un grand groupe de presse marocain où il s'occupe d'analyses financières et géopolitiques. C'est par la suite que la Président Wade l'emploiera à la tête d'un journal, Le Messager, destiné surtout à discréditer ses opposants d'alors.

[147] Cf. NDIAYE, *ibid.*, p. 25.

enseignement était, déjà, au cœur des débats politiques et des promesses des deux candidats au Parlement français.

D'ailleurs, pour respecter leurs promesses, certains hommes politiques locaux, se sont efforcés d'introduire l'arabe comme langue vivante dans le système éducatif étatique, au niveau du secondaire, et ce, en pleine période coloniale.

L'introduction de l'arabe ainsi que sa place dans le système éducatif constitueront, pour longtemps, le cheval de bataille des mouvements islamiques. On peut dire que l'enjeu est resté tel quel après l'indépendance. Par la suite, les associations vont défendre l'enseignement de l'arabe et sa place dans le cadre d'organisations syndicales qui recrutent parmi les arabisants leur base traditionnelle.

Ainsi, la lutte des arabisants a une double dimension : une revendication sociale à l'intérieur et un signal fort d'un engagement en faveur de l'islam renvoyé aux partenaires étrangers. Sur le plan intérieur, elle est la revendication d'une prépondérance musulmane devant, selon eux, se refléter sur l'institutionnel, telle que ressentie de manière informelle. Selon les mouvements islamiques, cette prépondérance doit s'affirmer, malgré le caractère laïc de l'État difficilement acceptable au regard de la supériorité numérique des musulmans dans le pays qu'ils mettent toujours de l'avant.

Sur le plan international, le combat pour le « respect de la langue arabe » est aussi un symbole de l'attachement de ces mouvements à la « communauté musulmane supranationale ».

En effet, pour les mouvements islamiques, la langue arabe reste le seul moyen de maintenir le « cordon solide », *al- 'urwat al-wuthqâ*, qui lie les Arabes et les non arabes, dans le cadre de la foi partagée au sein de la Oummah.

L'autorité politique, aussi, saisit une telle opportunité pour en faire profiter son image sur la scène internationale surtout en direction du monde arabe. En prêtant une grande attention à cette demande intérieure formulée par les associations d'arabisants lorsque les circonstances le permettent, l'État pratique, lui aussi, une sorte de « double jeu ».

D'une part, il s'efforce de ne pas frustrer la majorité musulmane du pays que les associations islamiques - contre toute réalité sociologique - tentent de représenter malgré son profond attachement au confrérisme.

D'autre part, l'État prend le soin de traiter publiquement, avec un certain égard, la langue arabe et l'enseignement religieux. En outre, par cette politique, l'État sénégalais essaye de soigner ses rapports avec le monde arabe et surtout avec les pays pourvoyeurs de pétrodollars.

La médiatisation officielle de l'action des associations islamiques et la multiplication des inaugurations (ou *inaugura show* comme se plaisait à les qualifier la presse satirique) de mosquées et d'instituts islamiques a longtemps servi à donner, à l'étranger, l'image d'un État soucieux du développement de l'islam donc en bons termes avec le monde arabe qui en serait le défenseur légitime.

Il est toutefois important de souligner, au regard de l'inséparabilité imaginaire et construite de la langue arabe et de l'islam dans les perceptions, que l'appréciation intérieure et extérieure de telles actions peuvent différer.

Certains pays arabes financent aussi des projets pour la promotion de la langue arabe conformément à l'idéologie de l'arabisme et du nationalisme tel que fut le cas de la Syrie et de l'Irak sous Saddam Hussein. Ce même geste peut être présenté par l'État sénégalais, lors des inaugurations (écoles, centres culturels) comme une œuvre de promotion islamique, de sa part, en tenant compte de l'image « sacralisante » que la masse des musulmans se fait de la langue arabe et de ses locuteurs. L'État en tire, ainsi, un profit politique à l'intérieur tout en satisfaisant certaines exigences extérieures de leurs partenaires.

La construction du Centre Culturel Saddam Hussein à Dakar peut être citée en exemple de ce type de projet. Entièrement financé, à l'époque, par l'État irakien se déclarant baasiste, le projet a été confié, par l'État, à la Fédération des Associations Islamiques au Sénégal (FAIS).

Le choix porté sur la FAIS était bien réfléchi parce que ce mouvement regroupe plusieurs associations d'arabisants et/ou islamiques tout en étant dirigée par des membres influents des milieux confrériques, porteurs de milliers de voix déterminantes lors des fréquentes consultations électorales.

Toute la politique « musulmane » de l'État sénégalais contemporain sera orientée par des enjeux similaires.

Dans tous les cas, l'important était, pour lui, de ne pas aller à l'encontre de l'opinion de la majorité musulmane du pays pour qui, la langue arabe revêtait, incontestablement, un caractère sacré vu le mythe de son inséparabilité avec l'islam. En fait, contre toute réalité et sur nombre des aspects, pour une majorité de la population musulmane sénégalaise priant dans une langue qu'elle ne comprend pas, tout ce qui est arabe serait aussi islamique.

Malgré un jeu de négociations des rapports selon les enjeux poussant les hommes politiques à ménager les mouvements islamiques, leur attachement utilitariste aux confréries semble l'emporter de loin sur toutes autres considérations en lien avec les revendications islamistes.

De ce fait, les rapports que l'État entretient avec les Mouvements islamiques, défenseurs de la langue arabe et de l'enseignement religieux, sont fluctuants.

De leur côté, les associations auront des positions ambivalentes à l'égard du pouvoir politique selon les enjeux de leur lutte et surtout les rapports de force.

Néanmoins, l'enseignement de l'arabe et de l'islam peut s'avérer un élément important dans l'analyse des rapports entre le Sénégal et le monde arabe. En plus de sa portée symbolique, l'enseignement de l'arabe et sa promotion font appel à différents acteurs internes mais, aussi, internationaux pour son soutien et son financement.

De simple question d'insertion ou de reconnaissance sociale d'une catégorie de l'élite locale, l'enseignement de l'arabe constitue, ainsi, un enjeu politique à la fois interne et externe.

En plus de la « mission » dont elles se sont investies pour la défense de cet enseignement, les associations islamiques s'imposent de ce fait en intermédiaires - pas toujours désirables - entre l'État sénégalais et le monde arabe.

De ce point de vue, leurs actions et modes de fonctionnement mériteraient une étude approfondie et constamment renouvelée en ce qu'elles constituent la pièce maîtresse du schéma des relations *informelles* entre le Sénégal et ses partenaires arabes du Machrek. La manière dont les associations islamiques arrivent à influencer, suivre ou contourner la politique arabe du Sénégal est intéressante à plus d'un titre.

Accordant une certaine importance aux acteurs *ordinaires*, négligés par les premiers théoriciens des relations internationales, les recherches menées dans ce cadre se sont penchées sur leur impact réel par un travail d'analyse et d'investigation sur le terrain. Au regard de l'évolution fulgurante de la situation, elles mériteraient certainement d'être revisitées à la lumière des nouvelles réalités géopolitiques.

Dans tous les cas, il serait incomplet de vouloir étudier les rapports entre le Sénégal et le monde arabe sans une prise en compte de ces acteurs que sont les arabisants et leurs différents mouvements islamiques. L'enjeu même des rapports arabo-sénégalais est inséparable de celui entourant la « lutte des arabisants » dans ses multiples dimensions aussi bien dans la conduite des politiques publiques que dans la gestion des rapports internationaux.

Le Sénégal, entre question arabisante et contraintes de la politique étrangère

Le Sénégal comptait plusieurs associations islamiques, avant même son indépendance en 1960. Ces dernières, ont toujours été présentes sur le terrain du combat pour l'introduction de l'enseignement de l'arabe dans le système éducatif institutionnel.

Elles jouèrent, à maintes reprises, sur l'impact de la langue arabe dans le domaine religieux, pour faire plier les autorités politiques. Par cette action ponctuée de protestations et de différentes mobilisations, une plus grande attention allait être accordée à l'enseignement de l'arabe et l'enjeu qu'il représentait dans ce pays.

Contrairement à l'argumentation des mouvements islamiques en direction du monde arabe, les dignitaires religieux confrériques, forts de leur influence auprès de la majorité musulmane du pays, d'obédience soufie, ont toujours joué un rôle important en faveur de la reconnaissance officielle de l'enseignement religieux basé sur la langue arabe.

Ces guides religieux mèneront la lutte pour la promotion de l'enseignement religieux et de l'arabe, dans une parfaite collaboration avec les associations islamiques réformistes. La forte symbolique de la langue qu'on voulait défendre et promouvoir était à ce prix malgré les divergences idéologiques.

Toutefois, il faut signaler que ces deux prétendants à la représentation des musulmans du pays s'affrontent très souvent en l'absence de projets et de visions communs ; les associations islamiques étant anti-confrériques, dans leur majorité, du moins dans leur discours.

En partie, malgré les récents efforts de rapprochement, c'est dans cet anti-confrérisme circonstanciel que les associations islamiques puisent, d'ailleurs, les éléments nécessaires pour convaincre certains partenaires financiers comme les organisations d'orientation wahhabite.

Elles savent, cependant, les ménager lorsqu' elles peuvent être utiles lors des combats politiques ou des confrontations avec l'autorité publique. C'est la tendance qui se dessine au sein des mouvements islamiques notamment depuis que du côté de l'Arabie Saoudite, on semble petit à petit s'éloigner du wahhabisme et de ses « docteurs » se plaignant même d'être persécutés. Il est vrai que certaines personnalités du courant islamiste comme Cheikh Mokhtar Kébé du Rassemblement islamique du Sénégal (RIS) prônent une certaine modération et des rapprochements entre les différents courants présents au Sénégal.

Mais, pour ne pas donner l'impression de prendre partie dans cet affrontement opposant ses alliés électoraux et les relais de sa politique étrangère, l'État sénégalais adopte une attitude modérée selon les circonstances comme il peut aussi prendre position de manière réaliste. C'est un jeu d'équilibre qu'il arrive rarement à réussir au regard des subtilités pas forcément à sa portée. Il ne peut et ne veut ni perdre l'appui des confréries pourvoyeurs de voix aux différentes élections, ni paraître anti-islamique aux yeux des partenaires arabes s'il négligeait les associations islamiques locales en relation avec eux.

Ses positions ne peuvent être que mesurées. Il est arrivé récemment, suite à la montée du salafisme, que le Président Macky Sall se présente en défenseur du modèle islamique confrérique en fustigeant l'attitude de ceux qui veulent « imposer un nouvel islam ».

Mais, le fait est que, historiquement, ce sont les confréries qui ont été à l'origine de l'islamisation en profondeur du pays depuis le XIXème siècle et ont même donné aux mouvements islamiques leurs premiers dirigeants.

Devant un aussi grand enjeu que la promotion de la langue du coran, les deux rivaux doctrinaires ont besoin de sceller une « union sacrée ». Cette tendance s'impose de plus en plus lorsque l'Ambassadeur d'Arabie Saoudite lui-même assiste aux évènements confrériques et semble emprunter la même ligne que les autorités de Ryad dans leur sortie progressive du wahhabisme.

Mais, dans le temps, pour justifier une telle alliance conjoncturelle auprès des financiers wahhabites, les associations islamiques, eurent recours à l'argument d'une éternelle nécessité de faire bloc contre l'ennemi commun, au-delà des obédiences et des appartenances subsidiaires.

On pouvait lire une telle justification dans le fameux *Livre blanc sur l'enseignement de l'arabe au Sénégal* : « Certes une telle réussite (dans le combat) ne pourrait s'opérer qu'avec l'aval des chefs religieux qui par leurs efforts constants ont contribué également à l'expansion de la langue arabe et surtout des sciences islamiques à travers le pays compte tenu de l'intransigeance des détracteurs de la langue. [148]»

C'est la même argumentation aujourd'hui reprise dans le contexte des réformes en cours en Arabie Saoudite avec une attitude plus timorée des doctrinaires wahhabites à l'égard du soufisme et de ses confréries.

Il est vrai que la gestion de l'enseignement de l'arabe pose des problèmes de plusieurs ordres à l'État sénégalais. Dépositaire d'un héritage « encombrant » en se substituant au système colonial, cette question qui l'oppose aux mouvements islamiques ne pourrait être simple à résoudre.

Dans la vision de ses contestataires, l'État souffre de la « tare », de porter l'étiquette d' « ennemi de l'islam ». Il devra, donc, faire face à nombre d'interpellations de la part de ses gouvernés. Les associations islamiques reprochent à l'État sénégalais son caractère laïc légué par la colonisation. Les confréries, de leur côté, peuvent lui opposer, selon les circonstances, leur force mobilisatrice vu le nombre important de leurs disciples et la particulière sensibilité des régimes successifs aux exigences de porteurs de voix lors des consultations électorales. De ce fait, dans le déroulement de sa politique intérieure, l'État doit,

---

[148] *Livre blanc sur l'enseignement de l'arabe au Sénégal*, p. 24.

en conséquence, se plier à ces exigences aussi bien en numéraire qu'en symbolique. Cependant sur le plan international, vis à vis des pays arabes partenaires, il veut se montrer *islamophile* et même prêt à soutenir les « causes islamiques » ou interprétés comme tels comme la question palestinienne confondue avec celle d'Al-Quds (Jérusalem) ou de la Mosquée Al-'Aqsâ dans l'imaginaire populaire. Pourtant l'État du Sénégal n'a jamais varié dans sa position sur la question palestinienne au point de présider la commission Al-Quds pour la défense des droits inaliénables du peuple palestinien aux Nations Unies pendant plus de trente ans.

La volonté apparente du gouvernement sénégalais de soutenir ces causes en plus de ses positions favorables aux pays arabes serait, de ce fait, contradictoire à toute restriction de sa part à l'égard de l'enseignement religieux ou de ses promoteurs. Une telle restriction pouvant être confondue à un manquement par rapport à ses obligations d'épouser et de défendre les « causes musulmanes ».

Dans leur lutte, les mouvements islamiques sont donc conscients de ces contraintes internes et externes de l'acteur étatique et sauront en faire un avantage considérable en jouant plusieurs cartes selon les enjeux en place. Il est, en ce sens, très difficile d'évaluer ou d'interpréter, à juste titre, les différentes facettes de la politique adoptée par le gouvernement sénégalais sur cette question.

Il y a toujours une imbrication des dimensions nationale et internationale, bien vrai qu'on ne peut plus penser que la politique internationale soit l'apanage de l'État en tant qu'institution.

En effet, depuis très longtemps, d'autres acteurs ont fortement concurrencé l'État et lui ont disputé son monopole. Comme il est désormais très difficile de saisir le fonctionnement des relations internationales par l'analyse des seules structures étatiques et diplomatiques officielles, il faudrait de plus en plus prendre en compte les acteurs dits informels, très actifs sur la scène internationale.

Dans sa *Sociologie des relations internationales*, Marcel Merle s'inscrivait déjà dans cette perspective où, très tôt, il soutint : « *ce qu'il est convenu d'appeler « diplomatie » ne constitue, le plus souvent, que la partie visible de l'iceberg. Les spéculations qui se complaisent dans l'étude des configurations de forces et des manœuvres diplomatico-stratégiques ne saisissent que l'apparence des choses*[149] ». Il poursuit, dans cette même perspective, en appelant à une prise en compte des nouvelles réalités qui bousculent les schémas de la politique institutionnelle en ces termes : « *les intérêts et les croyances s'inscrivent de plus en plus difficilement dans les limites du cadre territorial offert par l'État.* [150] »

En effet, en s'impliquant dans la promotion de l'arabe, l'État sénégalais essaye de satisfaire une demande interne formulée par la majorité de ses gouvernés ou, du moins, leurs représentants déclarés. Il se donne, en même temps, l'image d'un « serviteur de l'islam » au regard des détenteurs de pétrodollars qui veulent se présenter, pour diverses raisons, comme les prédicateurs internationaux d'une religion dont ils usent en tant que levier d'influence et de pression.

L'État est, de ce fait, conscient de l'interdépendance entre les enjeux de la politique intérieure et ceux des relations internationales. Ce fait s'impose de plus en plus dans le contexte international actuel où la mondialisation n'est pas qu'économique mais embrasse la culture, le sens, sa circulation et sa négociation par divers acteurs.

Il est vrai que cette notion d'interdépendance entre les affaires du *dedans* et celles du *dehors* n'est pas nouvelle mais ne fait que

---

[149] Merle, Marcel, *ibid.* p. 205.
[150] Merle, Marcel, *ibid.* Voir aussi J. Henk Leurdijk : *de la politique internationale à la politique transnationale*, *Revue Internationale des Sciences Sociales*, n°1, année 1974.

resurgir, pour notre cas d'étude, sous une forme plus complexe, le contexte international aidant.

Déjà chez les marxistes, de manière plus radicale, on considérait la politique extérieure comme un simple reflet de la politique intérieure, bien que confiné dans le cadre exigu de la lutte des classes. Mais, selon l'analyse marxiste d'alors, la disparition de la conflictualité entre les classes à l'intérieur signifiait l'apaisement entre toutes les nations qui seraient parvenues à ce stade.

Dans sa démonstration de ce qui est devenu une évidence de nos jours, Marcel Merle citait Claude Cheysson qui soutenait qu'« *Il n'y a plus d'affaires étrangères. Il y a une traduction extérieure des politiques intérieures, il y a une capacité d'expansion vers l'extérieur de ce qui constitue les priorités intérieures* [151]».

Pourtant, sans qu'on n'y prête attention, dans le même ordre d'idées, Alexis de Tocqueville, dans son analyse du fonctionnement des démocraties où l'opinion publique a un grand impact, avait dit qu'elles « *ne résolvaient guère les affaires du dehors que par les raisons du dedans* [152]».

Dans l'impossibilité de parler encore de primat de la politique extérieure sur la politique intérieure et vice versa, les théories dites de la dépendance semblent mieux convenir à la situation décrite plus haut et qui peut s'appliquer à nombre d'États surtout ceux tenus par la gestion des pénuries face à des demandes sociales pressantes.

Pour éviter certaines exagérations de la dimension internationale du politique pour lesquelles « *par un effet de contamination, la politique intérieure se trouverait absorbée et dominée par la politique étrangère* [153]», nous parlerions plutôt d'interdépendance ou d'interaction ou, comme le suggère Marcel Merle, de « *compénétration des champs d'activité* ». Dans ce cas, Merle serait proche de James N. Rosenau avec son concept de *linkage* ou

---

[151] Cité par M. Merle, *ibid.*, p. 205.
[152] Tocqueville, Alexis de : *De la Démocratie en Amérique*, T 2 , Chap.5., p. 52.
[153] Merle, *ibid.,* p. 163.

le jeu d'interaction de faits politiques aussi bien internes qu'externes.

Mais, à vrai dire, comme le rappelle Marcel Merle, « *si les digues qu'étaient les frontières se fissurent, si les écluses que les diplomates manœuvraient avec précaution sont déréglées, alors les plans d'eau se confondent, les courants se mélangent et les contours des bassins juxtaposés s'estompent* [154]».

C'est ainsi que l'attitude de l'État sénégalais, dans sa politique arabe, répond à une nécessité d'équilibre et d'une prise en compte de l'ambivalence de la chose politique dans ses deux dimensions interne et externe. « *C'est de l'équilibre entre les affaires du dehors et du dedans que dépendent le sort des États-nations et, à travers eux, l'avenir du système international* » concluait d'ailleurs Merle[155]. Il faudra, toujours, prendre en compte cette double dimension dans les réponses à ce qu'Abdourahmane Seck[156] appelle « *la question musulmane* » au Sénégal. C'est bien une question à réponses toujours multiples et paradoxales au regard de la contrainte majeure d'un État se disant laïc mais devant être aux avant-postes de la gestion et de l'organisation du culte pour des raisons aussi bien politiques que diplomatiques.

L'enseignement de l'arabe et les relations entre le Sénégal et le Moyen-Orient

« *Bien que de constitution laïque, l'État sénégalais reconnaît qu'en réalité la majorité de sa population est musulmane, que l'enseignement de l'arabe est une nécessité qu'il se doit d'organiser et de gérer* [157]». Ces propos de Khadim Mbacké reflètent l'état d'esprit dans lequel les associations islamiques, en général, conçoivent leur lutte mais aussi

---

[154] *Ibid.*, p. 19.
[155] *Ibid.*, p. 195.
[156] Voir son ouvrage *La question musulmane au Sénégal. Essai d'anthropologie d'une nouvelle modernité*, Karthala, 2010.
[157] Khadim Mbacké, anciennement chercheur à l'IFAN, proche des milieux réformistes, sur son site Internet consacré à l'islam sénégalais.

la contrainte politique dans laquelle se trouve l'État laïc devant gérer et organiser le culte et l'enseignement religieux.

Néanmoins, il est important de comprendre que derrière cet engagement pour la promotion de la langue du Coran, se cache un autre combat : celui visant l'insertion socioprofessionnelle des sénégalais formés en langue arabe.

L'introduction de l'arabe dans le système éducatif, outre son côté strictement symbolique obéissait, aussi, à une logique d'insertion socio-économique. Autrement dit, l'essentiel des militants des associations islamiques sont formés en langue arabe dans différents domaines de spécialités bien que prédominent encore les disciplines religieuses.

En voulant s'insérer sur le plan socioprofessionnel dans un pays où le français est la langue officielle et de travail, les arabisants ont, par rapport à leurs collègues francophones, le désavantage d'être formé dans un système éducatif différent. C'est ce qui en fait une certaine élite « marginalisée » bien que dépositaire de connaissances « modernes » et de compétences rares. Le handicap linguistique les rend ainsi inapte à s'insérer dans les circuits socio-économiques formels ou classiques.

Conscient de ce mobile implicite de la revendication arabisante au-delà de sa portée religieuse, l'État adoptera pendant longtemps une politique qui s'articulera autour de séries de recrutements d'enseignants de la langue arabe dans les établissements scolaires.

Ainsi, en introduisant l'arabe dans le système éducatif, l'État fait d'une pierre deux coups. Il affiche une volonté de donner à la « langue du Coran » la place qui lui revient dans une société à dominante musulmane et crée, en même temps, une possibilité d'insérer ses arabisants afin d'en atténuer la victimisation et la frustration.

Mais ces efforts d'insertion toujours jugés insuffisants, ne pourront endiguer la pressante vague contestataire caractéristique de cette élite considérée comme de « seconde zone ».

Leur combat se poursuivra dans le cadre des associations islamiques dont ils sont la composante essentielle. La question de l'enseignement de l'arabe ou de l'islam sera toujours maintenue au centre de cette lutte des arabisants sachant qu'il représente un double enjeu interne et externe.

L'enseignement de cette langue, dans le contexte sénégalais, ne s'est jamais détaché de celui des préceptes de la religion musulmane. Il y a, de ce fait, un amalgame, quelques fois volontaire, autour des dénominations des institutions d'enseignement : « école arabe » et « école coranique ».

Il faut dire qu'en plus de l'utilisation des caractères arabes dans les premières transcriptions des langues ouest-africaines, celle du Coran a constamment profité de son aura de religiosité et est devenu donc sacré au même titre que le message religieux transmis.

Pour retracer l'histoire de l'introduction de l'enseignement de la langue arabe au Sénégal et en Afrique noire, les rédacteurs du *Livre blanc* qui lui est consacré ont tenu à emprunter le raccourci si symboliquement efficace de l'« inséparabilité » de la langue arabe du message islamique qu'il véhicule. Pour eux, « *les précurseurs de l'islam au Sénégal se mirent, de vive foi, à étudier le Coran, source principale de l'enseignement islamique ; les principes fondamentaux de la religion que sont la pureté, la prière, le jeûne, la zakât, le pèlerinage, le divorce et d'autres transactions administratives, commerciales et sociales* [158] ».

Tout au long de ce *Livre blanc*, les auteurs ont utilisé l'expression « enseignement arabo-islamique », appellation visant à « populariser » leur revendication, dans un pays à majorité musulmane. Par sa relation congénitale avec l'islam, la langue arabe y devient, au gré des enjeux, une des composantes

---

[158] Rappelons que l'arabe fut aussi, aux temps du Général Faidherbe, une des langues utilisées par l'Administration française suite à la création de tribunaux indigènes s'appuyant sur des cadis musulmans.

identitaires. Le *livre blanc* dont il sera tant de fois question, doit, par ailleurs, être replacé dans son contexte.

Dans sa Constitution, le Sénégal, est une république laïque où l'enseignement public se dispense en français, langue de communication officielle et de l'administration. Mais la promotion de la langue arabe et de son enseignement par les organisations se fera toujours sous la bannière de l'islam. C'est une manière de reposer l'éternelle question du « conflit de cultures » entre le système colonial dont l'État actuel est considéré comme l'héritier et l'islam comme mode de vie et ensemble de pratiques sociales. C'est ce qui fait de l'enseignement de l'arabe un enjeu culturel, voire identitaire en tant que revendication à dimension religieuse voire politique.

Tout au long de la lutte entre l'État sénégalais et les associations islamiques, ces dernières, protectrices et promotrices de la langue arabe, ont fait valoir son caractère sacré et/ou religieux afin de pouvoir susciter l'adhésion des « masses musulmanes » du pays à leur cause. Dans le contexte du Sénégal, une telle stratégie leur confère une forte légitimité populaire en tant que défenseur d'une langue sacrée ou sacralisée par la religion dont elle est le vecteur.

Soucieux de l'impact de plusieurs forces sociopolitiques internes pouvant s'identifier à cette cause, l'État prend ainsi en compte les revendications des mouvements islamiques dans ses différentes décisions. Les régimes successifs ont consenti des efforts toujours jugés insuffisants mais c'est toujours leur efficacité qui questionne sachant qu'ils ne sont pas inscrits dans le cadre d'une vision à long terme.

De ce fait, traitant des problèmes dont souffre l'enseignement de l'arabe au Sénégal, le *Livre blanc* passe en revue ceux d'ordre pédagogique et matériel, mais s'empressera, surtout, de plonger au cœur de l'antagonisme réel ou construit « colonisation/islam », « État laïc/société musulmane ».

Les promoteurs de cet enseignement qui cherchent encore à gagner en reconnaissance ont ainsi compris son enjeu symbolique. La sacralisation de la langue du Coran dans un pays à majorité musulmane est pour eux une source féconde dans laquelle ils puisent des arguments et de la légitimité politique.

En perpétuelle recherche de soutiens de la part des oulémas et des guides confrériques, l'État éprouve beaucoup de mal sur ce terrain glissant où il ne cesse d'être invité par cette partie de l'élite sénégalaise souffrant de sa méconnaissance de la langue de l'ancien colonisateur. C'est la source du malentendu fondateur des rapports entre associations islamiques et l'État sénégalais qui n'a jamais tenté de régler définitivement cette question cruciale pour son avenir.

Cette problématique se présente comme une donnée fondamentale des rapports arabo-africains, de l'islam et de l'Occident tel que cela se présente au niveau des perceptions et, quelques fois, des imaginaires.

Derrière cette problématique presque fantasmatique, se cache l'enjeu politique et/ou stratégique des relations entre l'État et les acteurs religieux. En effet, lorsque les arabisants soulèvent les problèmes liés au manque de reconnaissance de l'enseignement de l'arabe, ils remettent aussi à l'ordre du jour le vieux dilemme de la double acculturation (colonisation, islamisation).

Dans ce discours contestataire, qui cherche sa légitimité dans le religieux, est déploré entre autres : « *l'insuffisance de contact direct avec des Arabes de souche pour un bain linguistique d'autant plus que l'arabe est la langue par laquelle le Coran fut révélé et ce sont les Arabes qui exportèrent la religion musulmane* [159]».

Une telle remarque fait allusion, encore une fois, à la politique coloniale de la IIIème République française. Les autorités d'alors avaient pris des mesures visant à limiter, sinon décourager, les contacts entre les deux rives du Sahara que l'appartenance

---

[159] - *Livre blanc*, p. 25.

commune des peuples à l'islam a voulu transformer en une « mer intérieure ».

Ainsi, on trouve la question de ce que les arabisants appellent l'« identité musulmane perdue » d'un pays sous domination « culturelle de l'Occident », au centre de ces revendications.

L'argumentation fluctuante selon les enjeux et les rapports de force oscillera toujours entre islamisation de la contestation, pour plus d'efficacité, et la quête d'une reconnaissance sur la base d'une acquisition de savoirs islamiques avec le statut qui devait être, selon les arabisants, celui des dépositaires de la langue sacrée ou sacralisée du Coran dans un pays à forte majorité musulmane.

En définitive, la dimension politique qui entoure l'enseignement de l'arabe et des savoirs islamiques, depuis le début de l'ère coloniale en Afrique de l'Ouest n'a pas aidé à dépassionner son approche.

Aujourd'hui, encore, persistent des zones d'ombres sur cette phase de l'histoire de l'islam au Sénégal. *Les Archives Nationales du Sénégal* renferment des éléments très intéressants à ce propos et qui nous ont permis de faire des recoupements entre les témoignages des acteurs, certaines perceptions et la réalité historique.

L'enseignement de l'arabe et de l'islam qui lui était corollaire vont être surveillés et suivis avec beaucoup de suspicion. Tout un arsenal juridique fut déployé en vue d'encadrer cet enseignement et d'en restreindre l'expansion. Cette méthode partit d'une idée centrale : celle de l'Administration coloniale à considérer l'islam comme un danger perpétuel menaçant la stabilité des colonies françaises en Afrique de l'Ouest. Il y eut une crainte persistante à voir, par le biais de l'islam et de la langue arabe, se nouer des relations entre les communautés musulmanes ouest-africaines et les centres religieux et spirituels d'un Maghreb bouillonnant de révoltes.

Ce phénomène accentuera la surveillance dont l'islam a toujours été l'objet. L'enseignement de la langue arabe qui en serait le vecteur souffrit de ce handicap. Les mesures politiques sévères, à son encontre, ainsi que la persécution des différents acteurs islamiques furent largement mises à contribution dans la construction de la conflictualité État/associations islamiques.

L'enjeu politique que représentent l'enseignement de l'arabe et la promotion de l'islam, pour les deux parties (État/Arabisants), se refléta pour longtemps sur leurs rapports.

Selon les circonstances, ces rapports vont évoluer en prenant différentes formes, de la collaboration à la méfiance en passant, quelques fois, par des échanges de services.

Tout en relevant, an apparence, d'une question de politique intérieure, l'enseignement de l'arabe a toujours caché une dimension externe. Ni l'État, ni les associations islamiques n'arrivent à le gérer loin des calculs et sans prise en compte de son caractère symbolique. Nous le voyons bien, l'approche de cette question ne peut se faire sans traverser d'autres connexes telles que la question de la laïcité, des relations arabo-africaines mais aussi la rivalité entre le modèle confrérique et les nouvelles formes de religiosité qui le concurrencent idéologiquement.

C'est certainement ce qui fait de l'enseignement de l'arabe et de l'islam une thématique porteuse en termes de contestation du pouvoir politique mais aussi d'une grande pertinence la compréhension des dynamiques qui animent le champ islamique sénégalais ou ouest africain en pleine mutation.

Notre hypothèse d'une transition islamique dans cette région du monde, bien qu'à l'époque peu partagée chez les africanistes, se trouverait renforcée par les exigences de transversalité dans l'étude de ces formes d'adhésion à des formes de religiosité territorialement ancrées à l'heure des appartenances de plus en plus mondialisées.

4. LE SÉNÉGAL, UN ÎLOT DE STABILITÉ A L'ÉPREUVE DES DIPLOMATIES D'INFLUENCE

De la politique arabe du Sénégal : la souveraineté à l'épreuve de l'influence et de la « diplomatie privée »

Dans les échanges et discussions avec les responsables d'associations islamiques, il est souvent ressorti que l'aide de l'État ou la collaboration avec lui posent certaines questions liées à l'autonomie ou à l'image même de la structure « religieuse ».

L'assistance administrative qu'octroie l'État aux associations islamiques, n'est, généralement, pas perçue par ces dernières comme une véritable aide ou soutien quelconque. Pour elles, c'est plutôt vu tel un droit ou, comme nous le souligne un militant associatif, « la moindre des choses ». Elle est, plutôt, vue par ces mouvements islamiques comme un moyen pour l'État de « réparer ses injustices ». Cela semble refléter le discours de certains responsables interrogés à ce propos : « *l'État n'aide, généralement, pas les associations islamiques. Il nous facilite les démarches administratives, nous aide à obtenir certaines autorisations, des recommandations et nous alloue des terres* [160] ».

Il est vrai que l'État sénégalais est particulièrement « généreux » en matière d'allocation de terres aux associations islamiques ainsi qu'aux organisations religieuses et les chefs confrériques. Ceci est-il du fait de leur inégalable capacité à les mettre en valeur en raison des ressources humaines et pécuniaires dont elles peuvent disposer selon leurs relations extérieures ? Ou bien cela répond-il à d'autres logiques ? On pourrait se demander si cette politique d'indulgence n'avait pas pour objectif d'éviter une

---

[160] Entretien avec Imam N. Grand Dakar, juillet 2001.

victimisation des associations islamiques auprès des partenaires extérieurs.

Militantisme et collaboration avec l'État : compromis ou compromission ?

L'attitude préférée des militants défendant la cause d'un enseignement religieux présenté comme combattu par un État laïc est celle de la « victimisation » exploitable au profit d'une communication efficiente.

Cette victimisation pourrait les mettre en position de « marginalisées », du moins de « serviteurs de l'islam » opprimés dans un pays où l'islam, vu sa situation majoritaire, « devrait » être religion d'État, telle qu'exprimé dans le discours militant.

Certes, sur le plan intérieur, les associations affichent la volonté de préserver une image « intègre », c'est à dire loin de toute collaboration prononcée avec les acteurs étatiques, source de corruption et de détournement de leurs objectifs initiaux.

Cependant, elles évitent de paraître aux yeux de leurs pairs comme bénéficiaires de l'aide de l'État de peur d'être pointés du doigt ou accusées d'une quelconque proximité avec le pouvoir politique. Cette attitude est nourrie par l'imaginaire d'un pouvoir politique « corrompu » et «impropre » à la fréquentation. Dans la littérature mouride, par exemple, un vers célèbre de Cheikh Ahmadou Bamba comparait le religieux qui fréquente les cercles du pouvoir à une « mouche virevoltant autour d'excréments ».

Cette image explique toute la méfiance structurant les rapports entre cercles religieux et ceux du pouvoir. Les associations islamiques, notamment dans leur quête d'une légitimité et de représentativité, s'inscrivent dans cette même perspective.

À ce sujet, M. N, responsable d'association islamique, très critique à l'égard de l'action étatique, fait allusion à l'éventualité de coopération secrète avec l'État qui serait le fait de certaines associations : « *vous savez que l'État est laïque. Jamais il ne coopérera avec les associations islamiques tant que la laïcité fera partie de ses caractéristiques* ». Puis, sur un ton plus ou moins accusateur, il soutient qu'une telle collaboration signifie une perte d'identité pour les associations islamiques : « *Peut-être, il existe des associations islamiques soutenues par l'État et avec lesquelles il a des intérêts communs* ».

En d'autres termes, toute liaison avec l'État serait plus ou moins compromettante en ce qu'elle induit le sacrifice de la « cause islamique » sur l'autel des biens matériels ou symboliques qu'elle procure. Cette collaboration avec l'État, signifierait, pour les mouvements islamiques qui s'y opposent, le partage de certaines de ses conceptions notamment laïques aux antipodes des objectifs et de l'action d'un mouvement islamique. C'est dire qu'une telle collaboration est, non seulement, vue comme le signe d'une proximité idéologico-politique avec l'État, mais, aussi, une totale fonte ou reconnaissance dans son action « anti-islamique ».

Contester l'État ou collaborer : Entre méfiance et pragmatisme

Les associations islamiques les plus contestataires de l'action étatique croient que, non seulement, l'État n'a aucune intention de voir se développer leurs activités, mais il chercherait, plutôt, à assécher leurs sources de financement, notamment extérieures. « La révolte est un produit de luxe », disait un célèbre responsable religieux lors d'une conférence devant des centaines de disciples.

Pour les responsables associatifs, les « obstacles » que l'État dresserait contre leurs actions viseraient à réduire leur liberté d'action en rendant leurs mouvements de plus en plus dépendants, une fois privés de l'aide extérieure indispensable à leur survie.

Cette perception est de plus en plus partagée aujourd'hui depuis les mesures draconiennes encadrant les financements provenant de l'étranger et la construction de lieux de culte.

Dans le sillage des mesures de lutte contre le terrorisme, l'État sénégalais a introduit dans sa législation des dispositifs visant un contrôle plus strict des flux financiers provenant du monde arabe. Mais, la grande trouvaille des mouvements islamiques reste la démonétisation des flux avec une réadaptation face aux nouvelles normes sécuritaires.

Des célèbres figures du mouvement islamique, notamment d'obédience wahhabite, ont même réussi à intégrer des dispositifs étatiques dont le but était de traquer de tels fonds et travaillent même avec des pays comme le Niger dans ce même domaine.

Ainsi, lors des échanges avec d'importants acteurs militants, nous avons pu voir que, en raison de leur autosuffisance financière, certaines associations islamiques proches de l'Arabie Saoudite n'insistent pas beaucoup sur l'absence d'aide étatique, mais protestent plutôt contre la stratégie des pouvoirs publics visant à entraver leur « collaboration avec l'étranger » avec des restrictions administratives. C'est le cas de Mohamed Ahmed Lô qui tenait à nous rappeler, lors de notre entretien : « *l'État ne nous aide pas mais je ne leur demande rien non plus* ».

Cette apparente indépendance et surtout cette liberté de ton ne sont pas décelables chez d'autres associations moins « nanties » et plus demandeuses de soutien étatique interne. Le discours de cet important acteur du mouvement islamique s'est beaucoup modéré avec les derniers développements au Sahel et la méfiance des partenaires du Golfe qui veulent éviter à tout prix l'image de pays finançant l'islam radical.

Cependant, les associations modérées ou proches des cercles confrériques se limitent, simplement, à déplorer l'« indifférence étatique » et l'« absence d'aide » aux organisations islamiques qui, pourtant, se substituent à lui là où il y a des carences en matière d'éducation, de santé ou de politiques sociales, etc.

Leur attitude est moins hostile à l'égard de l'institution publique avec laquelle elles n'hésitent pas à collaborer. Toute leur préoccupation demeure la persistance du caractère « islamique » de l'action en question. Les moyens peuvent être étatiques et la finalité « islamique et d'intérêt général », l'essentiel est de sauver l'idéal communautaire, ou, du moins, la représentation qu'on en fait.

De telles associations peuvent s'investir dans l'action étatique qu'elle soit dans le domaine de l'éducation ou de la santé, mais il faut, toujours, veiller à donner à ces activités une « coloration islamique ».

Ainsi, S. A. B, un responsable associatif de la région de Louga, tient à rappeler cette constante dans l'action de sa *Jam'iyyat* qui ne doit pas, selon lui, « démissionner » sur les grands problèmes sociaux sous prétexte d'une opposition à l'action étatique : « *nous ne recevons rien de l'État et pourtant nous sommes reconnus administrativement. On s'active dans le domaine de l'éducation en assurant une formation religieuse aux enfants et en organisant des colonies de vacances islamiques* ».

Pour lui, la collaboration avec l'État ne porte pas atteinte à cette constante volonté de s'inscrire dans une démarche « purement islamique ». C'est, plutôt, un moyen en soi de conduire l'action associative vers sa fin religieuse. À titre d'exemple, l'association que dirige ce chef religieux est particulièrement impliquée dans la politique environnementale initiée par le gouvernement ces dernières années[161].

Mais pour S. A. B. la protection de l'environnement en plantant des arbres aide à préserver le cadre nécessaire au développement des cultures vivrières afin d'assurer l'autosuffisance alimentaire de la structure éducative religieuse qu'est l'école coranique. Cette autosuffisance la rendra encore plus indépendante de l'État qui ne réussira pas à lui « imprimer son caractère laïque » et, du coup, préservera l'islamité de la structure.

Ainsi, dans les interactions entre l'État et les mouvements islamiques sénégalais, il s'agit d'une constante négociation du sens

---

[161] Il faut souligner qu'il a des disciples assez proches du pouvoir aux temps d'Abdoulaye Wade, notamment au sein du ministère de la jeunesse qui est aussi chargée de l'environnement et de l'hygiène publique.

et une production infinie de stratégies variant entre la méfiance et l'utilitarisme sans en arriver à des positions conflictuelles dont les effets peuvent compromettre la survie même de la structure dont on visait à préserver l'identité religieuse.

En tout état de cause, l'aide de l'État, bien que paradoxalement sollicitée, est généralement perçue comme de nature à altérer l'islamité des associations et de leurs actions. Elle est, même, considérée, par la plupart des associations, comme « impure » rien que par le fait qu'elle est l'apanage des seules « institutions chrétiennes » et forcément, à leurs yeux, contraires aux objectifs de l'islam et à leur mission initiale.

Ainsi, en marge de l'action étatique aussi bien interne qu'externe, les associations développent un ensemble de stratégies dont le but est le contournement des circuits officiels lorsqu'ils peuvent constituer un obstacle à leur propre action. On pouvait déjà le constater à partir de l'exemple de « cheikhs bilatéraux[162] » dans la coopération entre le Sénégal et le Maroc comme on retrouve les mêmes pratiques chez les acteurs islamiques non confrériques. C'est à partir de ce constat qu'on pourrait se demander s'il y avait une véritable diplomatie parallèle qui s'est instaurée depuis des décennies, conduite par ces nouveaux acteurs des relations internationales ou bien le jeu était beaucoup plus complexe. En tout cas, l'acteur principal que fut jadis l'homme d'État est, de plus en plus, concurrencé dans l'une de ses prérogatives classiques qu'est la conduite de la politique extérieure.

Diplomatie parallèle ou complémentarité : Vers une mutualisation pragmatique ?

À travers l'action des associations islamiques sénégalaises, leurs réseaux informels ou formalisés, on décèle une sorte de tiraillement paisible entre elles et les pouvoirs publics. Dans ce

---

[162] L'expression est de nous-mêmes. Voir notre *Tijâniyya, usages diplomatiques d'une confrérie soufie*, in *Politique Étrangère*, 2010/4 Hiver, pp. 843-854.

contexte sénégalais, se produit un fait nouveau, ou très longtemps négligé dans l'approche des relations internationales vu la focalisation sur l'acteur étatique. En fait, les acteurs informels pèsent non seulement sur le cours des faits internationaux mais entraînent l'État et ses institutions, par le biais du dérèglement des procédures, vers un champ qu'ils dominent et maîtrisent mieux que lui.

Un jeu inégal entre liberté d'action et responsabilité « internationale »

Dans un contexte nouveau dit « déréglé », avec des incertitudes devenues quotidiennes, les hommes d'État, jadis dans le confort de leur autonomie d'action, plus sûrs de leur portée, deviennent désormais hésitants et plus que jamais calculateurs.

La marge de manœuvre des autres acteurs, jusqu'ici, ignorés, devient plus importante. La structure étatique, elle, est redevable de résultats, mais, aussi, impardonnable en cas d'erreur car, malgré tout, considérée par ses gouvernés comme jouissant exclusivement de la souveraineté internationale.

De ce point de vue, on passe d'une situation où le « *super acteur* » qu'était l'homme d'État, est désormais entouré et bousculé par des concurrents moins gênés de responsabilités et qui l'invitent de plus en plus vers des terrains jusqu'ici inconnus.

Qui plus est, le caractère imprévu de cette situation désarme l'acteur institutionnel et rend caducs certains de ses schémas, ses grilles de lectures brouillées. Les précédents historiques qui devaient fournir des éléments sur lesquels on pouvait se référer pour tenter de « comprendre les défis que doivent relever les hommes d'État [163]» cèdent la place à des incertitudes, comme le disait, en son temps, Henry Kissinger.

Il est vrai que c'est à la faveur du renouvellement accéléré des théories des relations internationales suivant l'évolution du monde

---

[163] Kissinger, H. : *Diplomatie*, Fayard, 1996, p. 18.

contemporain que l'on s'est progressivement rendu compte de cette profonde mutation qui n'est pourtant pas une nouveauté en soi. Mais même le très classique auteur de *Diplomatie* reconnaissait déjà qu'on ne pouvait continuer à construire des modèles avec les seuls référents historiques, sans aucune projection vers le futur, lui, semé d'incertitudes et de situations quotidiennement inédites. « *L'étude de l'histoire*, rappelait déjà Kissinger, *ne fournit aucun principe d'action automatiquement applicable ; l'histoire instruit par analogie, éclairant les conséquences probables de situations comparables. Mais chaque génération doit discerner, à son tour, ce qui est comparable et ce qui ne l'est pas* [164] ».

Entre les prévisions d'un pouvoir étatique, selon ses intérêts, ses préoccupations diplomatiques, ses priorités présentes et les agissements de mouvements islamiques pas toujours fondés sur ce qu'il est convenu d'appeler « l'intérêt supérieur de la Nation » tel que conçu par l'homme d'État, il y a souvent un grand décalage.

Un tel cas de figure s'est produit à plusieurs reprises dans l'histoire politique et diplomatique récente du Sénégal. Ce pays, ayant rejoint la coalition internationale dans le cadre de l'opération « Tempête du désert » dirigée en 1991 contre l'Irak lors de l'invasion du Koweït, a vu des militants d'associations islamiques manifester contre cet engagement et en faveur de l'Irak, malgré les précautions prises afin de justifier religieusement cette alliance.

Alors qu'il semblait de l'intérêt politique et surtout économique de l'État sénégalais d'adopter une telle position, certaines associations islamiques l'ont jugée illégitime et ont dénoncé une alliance avec le « mal », « l'Occident ».

Cette attitude rejoignait beaucoup plus facilement leur discours idéologique puisant, lui aussi, dans le religieux, ses éléments de justification. Après les évènements du 11 septembre, avec les attentats de New York et de Washington, le Président Abdoulaye Wade a été l'initiateur d'un sommet africain contre le terrorisme et s'est fermement aligné du côté des États-Unis afin,

---

[164] Kissinger, H., *ibid.*, p. 18.

semblerait-il, de rectifier ses mauvais tirs de début de mandat, avec ses « errements libyens [165]». Cette fois-ci, la position des associations islamiques a été plus explicite avec des manifestations en faveur des Talibans et d'Osama Ben Laden dont l'effigie était brandie par les militants comme elle décorait tous ces gadgets prisés de jeunes.

À partir de ces exemples parmi tant d'autres, on pourrait, presque, emprunter la construction comparative de Kissinger mettant en scène l'homme d'État et l'analyste des relations internationales. Les acteurs ordinaires dont nous traitons ici, présentent par leur attitude et leur position de grandes similitudes avec ce dernier.

Cette similitude n'est pas à chercher dans leur rôle mais dans leur positionnement à l'égard des questions politiques internationales sauf qu'il faudrait, peut-être, dans ce cas précis, prendre en compte un fait supplémentaire : le caractère calculateur et pragmatique des acteurs associatifs islamiques. C'est que les acteurs ordinaires arrivent à se saisir des différents schémas, à créer des situations nouvelles et à les gérer, parfois, mieux que les institutionnels. En plus, ils bénéficient d'une plus grande flexibilité quant aux exigences et au contrôle auxquels sont confrontés leurs désormais « rivaux » diplomatiques que symbolisent les hommes d'État.

Contrairement à ce que peuvent laisser croire les théories de Kissinger, les hommes d'État ne sont plus les seuls « bâtisseurs » des ordres internationaux. Toutefois sa comparaison entre l'analyste qui, par son « irresponsabilité » se rapproche de nos acteurs « ordinaires » et l'acteur politique, nous semble pertinente et d'un intérêt analytique certain.

---

[165] Le Président Wade élu en mars 2000 aurait, à l'époque, commis « l'erreur » de faire de la Libye la première étape de ses nombreux voyages officiels; ce qui n'était pas du goût de certains milieux américains influents dans les institutions de Bretton Woods.

Dans une différenciation des rôles des uns et des autres par leur nature et leur degré de responsabilité, Kissinger soutient ce qui suit :

L'analyste peut choisir le problème qu'il souhaite étudier, alors que les problèmes que doit résoudre l'homme d'État lui sont imposés : cette situation se retrouve dans le cadre des actions menées par les associations islamiques. Ces dernières choisissent d'orienter leur action en fonction des enjeux et d'adopter des positions qui, sur le plan international où ils sont acteurs et non sujet de droit, ne les engagent que très indirectement. Le pouvoir étatique, lui, est appelé à fournir des réponses à une demande internationale non forcément compatible avec les exigences internes. C'est à dire que les acteurs ordinaires abordent les problèmes en faisant des choix stratégiques alors que l'homme d'État doit faire face à des sollicitations de différentes natures et origines sur lesquelles il n'a aucun contrôle.

L'acteur ordinaire est maître du temps qu'il lui faut [...], l'homme d'État est soumis en permanence à une course contre la montre : la scène internationale étant en perpétuelle mutation, les évènements s'enchaînent et exigent des réactions adaptées à un rythme débordant ou inversant l'agenda politique interne des hommes d'État. C'est le cas du débat qui s'est installé au Sénégal suite à la décision du Président Macky Sall de s'investir dans la guerre saoudienne au Yémen. Malgré les insistances de l'allié saoudien soutenu par quelques mouvances wahhabites dont Dr Ahmad Lo, il s'est trouvé que l'opinion publique nationale n'était pas encore guérie des pertes en vies humaines lors de la deuxième guerre du Golfe et craignait d'éventuelles représailles de l'Iran ou de ses mouvements satellites dans un environnement sous-régional fortement marqué par les attaques terroristes. Dans de telles situations où les exigences de la politique extérieure viennent se greffer ou s'opposer à celles de la vie politique intérieure, les décideurs politiques sont, souvent, confrontés aux demandes ou exigences des acteurs ayant les mains plus libres. Ces derniers, comme c'est le cas des associations ou leaders islamiques, mettent à profit cette fragilité de l'organe étatique courant contre le temps et, en plus, redevable d'une grande rigueur face au tribunal de l'opinion. Ce sont des moments de faiblesse de l'institution, souvent mise à profit par les acteurs ordinaires rivaux, aux mains moins liées et à la responsabilité – s'il en est une – plus que limitée.

« *L'acteur non institutionnel ne court pas autant de risque que [...] l'homme d'État qui n'a droit qu'à une seule réponse, ses erreurs sont irrattrapables* » : cette différence au niveau de la responsabilité et de la redevabilité entre les acteurs institutionnels et ordinaires se répercute au niveau de leurs mode d'actions et de leurs discours.

L'État est tenu par des engagements internationaux dont le respect est gage de sa reconnaissance parmi ses pairs. Entre le discours, l'action d'un acteur dont le moindre agissement engage tout un pays et ceux d'une structure composée d'individus auxquels n'incombent ni la sécurité ni la prospérité de celui-ci, la différence fondamentale est à la mesure des risques encourus par chacun en cas d'erreurs.

De plus, seul jouissant de la souveraineté internationale, l'État est, de ce fait unique responsable, non seulement, de ses propres attitudes, mais, souvent, de celles de ses ressortissants. Ces derniers ne sont, certes, pas des sujets de droit international mais arrivent à devenir de véritables acteurs politiques aussi bien à l'intérieur qu'à l'extérieur des frontières de l'État-nation.

Il s'est produit, dans ce nouveau schéma, une mutation profonde dans la conception même de la territorialité et les frontières ne sont plus des barrières infranchissables. Du coup, réguler la politique internationale, maîtriser les déplacements des populations ou encore avoir le contrôle sur ses propres nationaux deviennent, de moins en moins, à la portée des États. Au début de la présidence d'Abdoulaye Wade, l'État sénégalais s'est vite confronté à une situation peu habituelle où il devait accueillir un de ses ressortissants accusés d'apologie du terrorisme lors d'un prêche en Italie. Imam Mamour Fall qui dirigeait une mosquée dans la ville italienne de Carmagnola vers Turin, a été expulsé vers le Sénégal dont les services de sécurité devaient désormais gérer les déplacements et agissements. Même sous haute surveillance policière, il continuait de se réclamer d'être parmi la garde rapprochée de Ben Laden depuis l'expérience afghane. Cette situation inédite pour l'État le plaçait dans une obligation de surveillance non pas pour sa propre sécurité mais pour rassurer la communauté internationale de sa capacité à contenir une menace « ambulante ».

De plus, dans la nouvelle configuration, l'individu qui était toujours conceptuellement rattaché aux structures étatiques dont il dépend juridiquement devient plus libre par rapport à elles. L'État théoriquement souverain, mais moins libre de ses actes comparés aux individus, acteurs calculateurs doit, désormais, composer avec une nouvelle donnée : la transnationalité, de plus en plus poussée, des acteurs dans un monde à l'épreuve du « glocal ».

La nature même de l'État, structure souveraine, délimitée par des frontières hors desquelles elle perd sa légitimité au sens politique et son monopole sur l'usage de la violence symbolique, ne l'a pas, toujours, beaucoup aidé à avoir le contrôle sur les individus, acteurs plus volatiles et moins « responsables ».

S'arrêtant sur ce phénomène de transnationalité, François Constantin[166] soutient même que l'État n'a jamais parfaitement réussi à « cerner » le citoyen-acteur en concluant que : « *les tentatives de l'État bureaucratique moderne pour enfermer l'individu dans un espace donné (délimité par des frontières) et un statut personnel primordial (la nationalité), ne sont jamais parfaitement parvenues à leurs fins* ».

À travers de nombreux exemples cités plus haut, on perçoit nettement cette difficulté à canaliser les *individus-acteurs*, lorsque nous abordons les réseaux dont disposaient les associations

---

[166] Constantin, F. : *La transnationalité : de l'individu à l'Etat*. In *Les individus dans la politique internationale*, sous la direction de Michel Girard, Ed. Economica, 1994 (154-174), p. 154.

islamiques et qui leur permettaient de se passer des circuits diplomatiques classiques.

L'État face aux stratégies « diplomatiques » individuelles

Contrairement à l'État dont elles font, quelques fois, un allié circonstanciel, mais souvent un rival, les organisations islamiques peuvent diversifier leurs stratégies. Dans un monde où se multiplient les choix en termes d'alliance et de dés-alliance, elles arrivent à miser sur le long terme et la fluctuation des instabilités vu qu'elles n'ont pas d'obligation immédiate de résultat, du moins au même titre que celle qui incombe à l'État.

Ayant une parfaite intelligence de la demande sociale et des exigences internationales auxquelles l'État doit répondre, il arrive que les individus à la tête de ces organisations, profitent de leur liberté d'action pour mette leur rival (l'État) dans la difficulté ou le pousser à collaborer avec eux.

De ce fait, ils se donnent une légitimité qui peut être à double tranchant, servant aussi bien pour leurs actions internes qu'externes. Cette stratégie des individus afin de coexister – et de jouer - avec les États, sur la scène internationale, puise sa force dans la plus grande marge de manœuvre dont ils disposent par rapport aux politiques mais, aussi, dans une parfaite maîtrise des contextes sociaux et internationaux. D'ailleurs, rappelait, toujours, F. Constantin, « *l'individu assume en toute hypothèse une pluralité de rôle sociaux [...] entre lesquels il peut jouer plus ou moins librement en fonction de ses besoins, de ses talents et de ses contraintes* [167]».

Non seulement, ces individus défient les espaces politiques et réduisent l'impact des frontières mais ils créent, aussi, de nouveaux contextes, d'autres espaces et rendent, de plus en plus, complexe la notion de territorialité. À travers leurs actions en relation avec d'autres individus à l'extérieur ou même des États, les responsables d'associations islamiques s'intègrent dans des réseaux

---

[167] F. Constantin, *ibid.*, p154.

transnationaux. Lorsque l'Arabie Saoudite a institué, en 2015, une centralisation étatique de l'aide humanitaire afin de lutter contre les financements douteux vers des mouvements extrémistes dans le monde, la privatisation des procédures et l'émergence d'une bourgeoisie investie dans le social ont été à la rescousse pour les associations islamiques en Afrique de l'Ouest notamment par des réseaux via le Koweït comme le *Ihyâ'u Turâth*, et le Qatar.

Ainsi, de plus en plus, de « simples » personnages très « ordinaires » de la vie de tous les jours s'affirment sur la scène internationale. Et, la plupart de leurs activités dépassent le cadre de l'État et s'internationalisent de plus en plus hors de son contrôle. Cependant, comme le soutien, F. Constantin, « *les décisions qu'ils prennent affectent la répartition de biens et de valeurs au travers d'activités transfrontalières* [168]».

Analysée sous un autre angle, l'implication des associations islamiques sénégalaises dans le domaine du social peut être interprétée, aussi bien, comme une complémentarité qu'une rivalité avec l'action publique de l'État. Elle revêt, parfois, d'autres aspects plus complexes et moins saisissables. C'est que le cadre général de l'action étatique se limite à un espace politique défini et délimité, alors que les acteurs « ordinaires » inscrivent leurs activités dans différents espaces, réels ou imaginaires mouvants et variant, selon les enjeux.

La principale difficulté pour les pouvoirs publics à contrôler à défaut de neutraliser l'action rivale des associations islamiques comme des personnages religieux influents, sur le plan international, réside dans ce « *décalage existant entre les différents espaces possibles d'identification sociale* » et « *l'espace politique officiel étatique* » comme le dit si bien F. Constantin. Il est, d'ailleurs, beaucoup plus ferme dans sa vision des rapports États/acteurs informels qu'il ne conçoit qu'en termes de compétition. Même si nous n'en arrivons pas à la même conclusion, on peut reconnaître, à ces rapports, différents niveaux, allant de la complémentarité à la

---

[168] - *ibid.*, p156..

collaboration, sans toutefois occulter les calculs politiques à masque religieux guidant les choix des uns et des autres.

Partant de cette nouvelle donne, René Otayek soutenait que « *d'autres dynamiques doivent être appréhendées pour rendre compte de la complexité du jeu international et des rapports arabo-africains en particulier* [169]». C'est ce qui oblige, sur un point de vue méthodologique, à prendre en compte et en donnant toute son importance au facteur religieux.

La diplomatie sénégalaise entre Maghreb et Machrek : vers des approches différenciées ?

En plus de toutes les autres complexités pointées à travers les exemples et situations qui précèdent, il faudrait arriver à différencier les approches afin de mieux rendre compte de la diversité des réalités.

Le terme générique de relations arabo-africaines jadis utilisé dans des analyses exclusivement économiques recouvre aujourd'hui une réalité plus complexe en présence d'un contexte international mouvementé et incertain. Le cas du Sénégal le démontre à plus d'un titre.

Il est vrai que les relations entre le Sénégal et le Machrek arabe sont différentes de celles entretenues avec le voisin arabe immédiat, par-delà la Mauritanie voisin, le Maroc.

Si le Maroc se distingue, entre autres, par son implication africaine historique, il n'en demeure pas moins que le modèle religieux qui est le sien (confrérisme, malikisme) a plus d'impact dans la société sénégalaise. Les pays du Machrek, quant à eux, en raison de l'éloignement géographique qui n'a pas permis un contact direct avec l'espace sub-saharien, ont essayé de se trouver des relais locaux.

---

[169] Otayek, René, *Identité et démocratie dans un monde global*, Presse de Sciences Po, 2000, p. 164.

Cependant, le modèle religieux de certains pays comme l'Arabie Saoudite n'arrive pas à s'imposer dans ce cadre sénégalais, très profondément confrérique. C'est pourquoi la focalisation de sa politique sur le choix et l'entretien de partenaires par une aide financière conséquente demeure une stratégie hasardeuse et s'avère de plus en plus compliquée avec le contexte de lutte contre le terrorisme. Il semble que l'Arabie Saoudite n'a toujours pas de politique africaine définie, malgré son tout nouveau ministère délégué aux affaires africaines, et se contente d'actions isolées sans lisibilité à long terme. Malgré ses énormes capacités financières et les atouts symboliques dont elle dispose avec la Mecque et Médine en tant que *qibla*[170] et lieu de pèlerinage, l'Arabie Saoudite n'arrive pas à bénéficier d'une grande influence sociale avec des leviers rationnellement mobilisables. Cependant dans la diplomatie institutionnelle, elle pèse de tout son poids surtout financier avec ses instruments financiers tels que la Banque islamique de développement.

De toute manière, à la difficulté qu'éprouve l'Arabie Saoudite dans le choix de ses relais locaux, il faudra ajouter les conséquences internes de cette exportation d'idéologie, dans la politique intérieure du Sénégal, avec une montée de mouvements radicaux symbolisés par des associations islamiques contestataires. Cet aspect devient encore plus pesant depuis la crise malienne et le fait que le salafisme wahhabite soit pointé du doigt comme la mamelle idéologique de l'extrémisme violent malgré les efforts des responsables religieux de ce courant dans la prédication de la paix et un rejet relatif du « djihadisme ».

Ainsi, la politique saoudienne a un côté moins intégrateur que celle du Maroc qui trouve déjà un contexte socio-historique adapté à son modèle religieux. L'Arabie Saoudite n'a pas encore réussi à inscrire sa politique dans la « normalité » sans apparaître comme un pays voulant opérer une greffe idéologique dans un contexte

---

[170] Direction vers laquelle on se tourne cinq fois par jour pour la prière rituelle.

islamique qui a déjà pris ses marques et sans donner l'impression d'une ostentatoire exportation d'idéologie.

Un tel fait expliquerait peut-être, le recours de plus en plus net, à des personnalités confrériques pour palier à l'inefficacité sociale de ses relais classiques. D'ailleurs, la timide percée de l'idéologie wahhabite dans les cités religieuses du Sénégal s'est faite par ce jeu d'infiltration des confréries à travers des personnalités bénéficiant d'un crédit symbolique notamment à Touba. Le discours qui sous-tend cette lente pénétration se construit autour d'une récupération de l'imaginaire confrérique au regard de son efficacité en faisant croire que les fondateurs des confréries étaient aussi « salafistes » dans le sens d'une perpétuation de l'islam des « origines ».

Un autre fait est désormais établi que parmi les plus importantes personnalités du salafisme pro-saoudien se trouve, en première ligne, des éléments issus des rangs confrériques comme Mouhamed Ahmad Lô et Khadim Mbacké, anciennement chercheur à l'IFAN. Il y aurait même une stratégie de prédiction par l'exemple. La mise en avant de personnages issus originellement des confréries notamment du Mouridisme permet aux prédicateurs wahhabites d'annoncer la fin prochaine du confrérisme qu'auraient même abandonné ses illustres fils.

En effet, les nouvelles formes de religiosités non adaptées avant d'être proposées aux populations locales ressemblent, plutôt, à une sorte de greffe idéologique qui n'arrive pas à trouver racine dans le contexte sénégalais. À partir de ce constat, on pourrait comprendre la demande de visibilité de plus en plus pressante qui transforme les relais locaux en « agents » de l'étranger.

Cependant, en s'imposant comme intermédiaires d'une politique de coopération décentralisée basée sur une aide financière et matérielle, pour des secteurs où le manque d'État se fait le plus ressentir, les acteurs islamiques arrivent, de plus en plus, à se positionner sur l'échiquier politique. Il y a un éternel jeu de positionnement dans les rapports entre ces acteurs islamiques et l'État sénégalais. Ainsi, on passe très souvent d'une situation de coopération à celle de rivalité selon les enjeux du moment.

La politique arabe du Sénégal ne dépend pas que des accords bilatéraux ou des conventions. Les acteurs islamiques, ayant une parfaite maîtrise des enjeux de la coopération, se positionnent très nettement dans ce qui semblait être l'un des domaines réservés à l'État : la politique étrangère.

De l'islam comme nouvelle trouvaille de la diplomatie d'influence : enjeux et paradoxes

Dans ce contexte international dit « mondialisé », les logiques d'influence se sont, progressivement, substituées à celles de puissance malgré l'apparente domination aux allures hégémoniques de ceux qui détiennent la « toute-puissance » militaire.

C'est un monde où circulent, sans frontières, des offres culturelles et spirituelles qui prennent leur revanche sur une sécularisation qui n'a pas affecté de la même manière les peuples du Sud et ceux du Nord. Ce dernier est même devenu le cadre d'expression des contestations « sudistes » de l'hégémonisme produisant, par devers ses propres contradictions, ses altermondialistes.

Dans une telle situation inédite, la grande force des « faibles » réside, paradoxalement, dans la grande préoccupation que les « puissants » ont pour leur image et surtout leurs intérêts. Leur sauvegarde prendra, de plus en plus, le dessus sur toutes les autres considérations y compris éthiques et philosophiques.

On entrera, ainsi, dans un contexte international où le soldat et le diplomate ne se priveront plus jamais du nécessaire accompagnement des acteurs culturels, des personnalités influentes, des entrepreneurs « conquérants » ou encore des religieux bénéficiant d'une part de monopole de la parole écoutée et respectée. Il ne suffira plus de dominer, mais il faut, en outre, séduire et surtout influencer.

De la puissance à l'influence : les mutations des pratiques diplomatiques

Il est vrai que la notion de puissance a toujours été au cœur des relations entre États, même si, au fil de l'histoire elle a beaucoup évolué aussi bien à travers les mécanismes de son accumulation que de son exercice. La prédominance des approches réalistes dans l'étude des relations internationales a souvent eu comme effet de l'assimiler à la puissance militaire, dans un contexte où l'utilisation de la force par les États était la règle sur laquelle pesaient très peu d'exceptions.

Ainsi, pendant longtemps, l'accumulation des outils de la puissance militaire était le moyen d'assurer la survie de l'État, soit en raison de la nature hobbesienne de l'être humain qui, selon le schéma de Morghentau est transférable aux acteurs étatiques[171] ; soit à cause de la nature anarchique du système international tel que vu par Kenneth Waltz[172].

La construction, au lendemain de la Deuxième Guerre mondiale, d'un ordre international qui promouvait la coopération et l'interdépendance, a eu comme conséquence de rendre la force militaire moins centrale dans les relations entre États. Parallèlement à ce phénomène, la nature statocentrique du système international s'est trouvée aussi modifiée par l'apparition d'acteurs qui agissent au delà des barrières et des structures étatiques.

Transnationalisme et interdépendance deviennent, dès lors, des faits structurants des relations internationales qui façonnent la conception et la pratique de la diplomatie. Ainsi, mettant en avant l'agenda du transnationalisme, Huntzinger écrira :

---

[171] Hans Morgenthau, *Politics Among Nations: The struggle for power and peace*, New York, Knopf Publisher, 3e édition 1967[1948].
[172] Kenneth Waltz, *Theory of international politics*, Reading, Addison Wesley, 1979.

« *La société internationale n'est pas faite de la coexistence des États dotés chacun d'intérêts spécifiques et homogènes ; elle est faite de l'ensemble des rapports entre les hommes, les idées et les organisations, par-delà les barrières étatiques ; elle est animée par la multiplicité des intérêts personnels et collectifs, lesquels se mettent en rapport les uns avec les autres directement et transversalement. La société internationale n'est pas internationale, elle est transnationale.* [173]»

L'interdépendance complexe promue par Keohane et Nye[174] repose quant à elle sur trois caractéristiques fondamentales du système international qui en modifient profondément le fonctionnement. D'abord, il y a l'existence de multiples canaux qui connectent les États, les sociétés, les relations interétatiques et transnationales.

Dans une telle configuration, il n'y a plus seulement les interactions formelles et informelles entre les élites gouvernementales, mais les liens informels entre les acteurs non gouvernementaux et les organisations transnationales. Ensuite, il y a une absence de hiérarchie dans le traitement des questions internationales surtout avec l'avènement d'Etats et d'organisations qui se sont affranchies des formes de dominations structurelles. Ainsi, la distinction entre *high politics*, qui se réfère aux questions liées à la sécurité et à la survie des États, et *low politics*, qui concerne les affaires économiques, sociales et autres, est peu inopérante. Il y a ainsi une multitude de questions qui peuvent occuper l'agenda international et qui ne sont pas arrangées selon une hiérarchie bien déterminée mais selon de nouvelles logiques imposées par les profondes mutations de la société internationale.

Enfin, il y a le rôle moins central occupé par la puissance militaire qui perd de son « aura » dans un monde où les Etats deviennent de plus en plus interdépendants. Dans ce contexte

---

[173] Jacques Huntzinger, *Introduction aux relations internationales*, Paris, Seuil, 1987.

[174] Robert Keohane et Joseph Nye, *Power and interdependence revisited*, International Organization, vol 41, numero 4, 1987, pp. 725-753.

d'interdépendance complexe, la force militaire aura peu de pertinence dans la résolution des différends qui portent plus sur des questions économiques.

Dans ce contexte d'interdépendance et de transnationalisme, le pouvoir s'exprime donc moins par la coercition que l'attraction. C'est dans ce sens que Nye va insister sur l'importance du soft power qu'il va définir « *comme la capacité d'obtenir ce que l'on veut par l'attraction plutôt que par la coercition ou par des paiements. Le [Soft power] découle de l'attractivité de la culture d'un pays, de ses idéaux politiques et de ses politiques publiques. Lorsque nos politiques publiques sont vues comme légitimes aux yeux des autres, notre soft power s'en trouve amélioré.*[175]»

De ce point de vue, la notion de soft power est, d'une part, une reconnaissance de l'importance de l'attractivité de l'État comme un moyen d'augmenter son influence. D'autre part, il permet de reconnaitre les acteurs non étatiques comme objet de cette influence, c'est pour cette raison qu'elle est structurellement liée avec la diplomatie publique. Les puissances occidentales, comme les pays du Golfe, en useront pleinement quitte à s'accommoder d'outils jadis en dehors de leurs instruments classiques.

Cette diplomatie publique dans laquelle excellent, surtout, les États-Unis, se réfère aux efforts pour se connecter avec un autre pays, non pas juste à travers les gouvernements, mais aussi par d'autres entités comme les organisations non gouvernementales les entreprises[176], la société civile, les associations religieuses, etc.

Ainsi, le recours au religieux en matière de politique étrangère, la place croissante des acteurs non institutionnels et des réseaux de relations personnelles sont dus à la nature même du

---

[175] Joseph S. Nye, Soft Power: *The Means to Success in World Politics* (New York: Public Affairs, 2004), p. 5. [traduction libre].

[176] Melody Mohebi, *Dominance in the Neighborhood: Turkey and Iran.* In: Çevik B.S., Seib P. (eds), *Turkey's Public Diplomacy*. Palgrave Macmillan Series in *Global Public Diplomacy*. Palgrave Macmillan, New York, 2015, p. 85-97.

fonctionnement de l'État dans les sociétés africaines avec une privatisation poussée des rapports politiques.

Dans la plupart des sociétés dites du Sud, l'espace politique n'est jamais nettement distincte des relations sociales et personnelles. Il y a, même, une confusion constante des rôles et une imbrication entre les positions sociales et politiques. D'ailleurs, souvent, la nature des relations politiques est largement fonction, voire déterminée par des rapports sociaux, non institutionnels et personnels.

Ces rapports épousent les contours des modes de solidarité obéissant à des logiques socioculturelles, indépendamment des intérêts ou des enjeux. L'État, en tant que structure politique, y est moins visible que les autres manifestations de la vie sociale fondées sur des modes d'appartenance, des négociations de sens ou des types de domination incorporée.

Le caractère non défini ou délimité du jeu politique peut expliquer le recours des acteurs et des leaders politiques à d'autres formes de légitimation. L'insuffisance d'État, la détresse des situations politiques, économiques et sociales internes peuvent pousser les dirigeants politiques à se réfugier derrière des positions mieux définies sur des questions concernant la politique extérieure[177].

Cependant, lorsque ces questions peuvent être liées à d'autres qui ont une implication interne, les ressources fournies par le religieux ou d'autres éléments socioculturels mobilisables, se retrouvent au centre des stratégies et des calculs politiques.

Contrairement à une certaine perception des sociétés du tiers-monde, cette stratégie s'avère efficace avec un côté pragmatique largement égal à celles d'un système politique qu'on pouvait qualifier de « légal rationnel ».

---

[177] Un diplomate sénégalais nous répétait, souvent, que le Ministère des Affaires étrangères était le plus « tranquille » des appareils de l'État, où on ne sent pas la pression des demandes sociales car s'occupant exclusivement des affaires extérieures.

De plus, le recours au sacré présente des avantages introuvables dans d'autres constructions argumentaires. Il y a un phénomène d'inversion symbolique qui s'opère, constamment, lorsque la réalité politique, fruit de situations et d'enjeux, se modifie.

En tout état de cause, il faut progressivement s'émanciper du formalisme juridico-institutionnel pour mieux appréhender les véritables forces sociales au cœur des faits politiques. C'est une conscience du fait selon lequel les seuls textes et constitutions parlent plus difficilement aux individus que les réalités sociales, plus perceptibles chez les acteurs ordinaires ayant, plutôt, un rapport pratique à la vie.

Ce jeu de rivalité entre État et acteurs non institutionnels se complexifie de plus en plus surtout avec une concurrence accrue des pays arabes lorsqu'il s'agit de l'exportation de modèles idéologico-religieux en Afrique subsaharienne.

Les puissances du Golfe entre revirements et rivalités : à la recherche d'oasis d'influence au Sahel ?

Les partenaires arabes n'ont jamais eu une politique cohérente en Afrique subsaharienne, opposés eux-mêmes par de nombreuses divergences idéologiques. Si l'on ajoute à ces conflits d'intérêts, la volonté hégémonique (idéologique) de certains pays comme l'Arabie Saoudite, on arrive difficilement à saisir le fil conducteur de cette forme de coopération.

Les objectifs idéologiques derrière l'aide financière saoudienne sont à l'origine d'un choc de modèles religieux qui prive sa stratégie de l'efficacité escomptée. Ses relais locaux se heurtent à la réticence de couches sociales ayant la voix au chapitre : les marabouts. Vouloir combattre le confrérisme et, en même temps, imposer une idéologie (wahhabisme) dans un pays où les marabouts sont les soutiens du « prince » n'a abouti, jusqu'ici, qu'à des efforts dispersés sans efficacité visible. La donne commence à changer depuis quelques années grâce à un réalisme diplomatique guidé par une certaine intelligence des situations.

Riyad a dû essayer d'ailleurs de compenser cela par une politique plus conciliante impliquant, paradoxalement, les marabouts dans la gestion des grandes organisations islamiques aussi symboliques que la Ligue islamique mondiale.

Le nouveau contexte international et les problématiques sécuritaires dans le Sahel ont d'ailleurs mis au grand jour le caractère conjoncturel mais bien réalistes des stratégies saoudiennes. Les visites aux chefs religieux, la présence dans des manifestations confrériques jadis jugées hétérodoxes sont autant de signes d'une nouvelle forme de pragmatisme de la part de Ryad.

Le Royaume tente de se disculper face aux accusations récurrentes d'avoir été – même inconsciemment – aux sources de la radicalisation idéologique de l'islam au Sud du Sahara.

L'un des faits les plus marquants d'un tel début de changement de paradigme est la promesse de verser une importante contribution financière de la part de l'Arabie Saoudite à la suite du Qatar en faveur de la force conjointe du G5 Sahel.

En plus d'un lifting politico-diplomatique de leur image de pays dont l'exportation des idéologies a contribué à la radicalisation de certains mouvements depuis des décennies, ces monarchies ne veulent pas se mettre en dehors d'un terrain où se jouent les grandes compétitions pour l'accès et le contrôle des ressources et des positions stratégiques. La France aussi, au regard de sa forte implication dans les affaires sahéliennes, a joué une partition non négligeable pour la légitimation du rôle des puissances du Golfe – surtout l'Arabie Saoudite – dans la recherche de solutions contre l'extrémisme.

Certes, on savait l'intérêt de ces pays pour les terres agricoles en prévision d'une crise alimentaire annoncée et qui risquerait de les affecter. Mais, il y a aujourd'hui, leur souci de diversification des partenariats dans un monde incertain, de faire circuler et fructifier leurs pétrodollars dans un vaste espace d'opportunités d'investissements loin des pays occidentaux qui pourraient les geler sur fond de lutte contre le terrorisme, comme après le 11 septembre.

Cependant, un élément important est, aussi, la rivalité entre ces puissances qui datait déjà des lendemains de la révolution iranienne, lorsque l'Arabie Saoudite était dans une logique de « *containment* » de la poussée présumée du chiisme. Cette préoccupation a toujours été, aussi, partagée par le Maroc qui est devenu le pays de transit, d'intermédiation et de redistribution financière avec ses nombreuses institutions bancaires en Afrique subsaharienne.

Les derniers développements avec les tensions qui montent entre le Qatar et l'Arabie Saoudite ont aussi montré qu'on n'est toujours pas vraiment sorti de la diplomatie du chéquier adossée aujourd'hui à une quête effrénée d'influence n'hésitant jamais à emprunter le biais religieux. Dans ce contexte, des voix se sont souvent levées pour indiquer que la position équidistante, modérée et prudente serait la meilleure pour le Sénégal. Mais elles semblent peu entendues au regard d'un alignement clair et sans nuances du côté de l'Arabie Saoudite, alignement qu'un conseiller du premier ministre justifiait par une simple raison : Riyad a plusieurs fois aidé à sortir des problèmes budgétaires récurrents dans un pays en proie à des difficultés économiques récurrentes.

Un certain nombre de problèmes se posent, aussi, dans cette forme de coopération entre États africains et le Machrek arabe et méritent qu'on s'y arrête. D'abord, les relais sont multiples (associations) bien qu'ayant quelques objectifs communs, dans le cadre de leurs revendications internes.

De même, la dimension revendicative qui se greffe à l'action des pays arabes (promotion de l'arabe, de l'islam réformiste), en même temps, qu'elle attise la conflictualité interne, lui donne un enjeu extérieur. En d'autres termes, dans sa gestion d'une revendication interne (promotion de l'arabe), l'État sénégalais se trouve entraîné sur un terrain où il doit, aussi, ménager ses partenaires extérieurs.

À la place de la collaboration, qui caractérise les rapports avec le Maroc par exemple, nous sommes bien en présence d'une certaine rivalité voire d'une diplomatie parallèle.

D'une part, les États arabes du Machrek (Arabie Saoudite principalement) adoptent une double diplomatie (politique « institutionnelle » et religieuse « informelle »). D'un autre côté, les relais locaux (associations islamiques), arrivent à contourner les circuits officiels pour poser de sérieux problèmes au contrôle des flux que veut exercer l'État. Ce dernier, aussi, fait comme s'il s'accommodait de ce caractère informel du mode d'action des associations islamiques qui, malgré tout, arrivent à pallier le déficit d'État dans les domaines névralgiques de sa politique : santé, éducation et social.

Le fait que l'Arabie Saoudite s'implique, de plus en plus, dans cette mission de « ré-islamisation » peut, aussi, traduire, le souci d'une légitimation interne. Afin de contrecarrer l'action d'une certaine société civile, le royaume wahhabite, aux importantes ressources financières, acquise aux thèses de l'islamisme radical, veut donner l'image d'un pays au service de l'islam, dans le monde. Son sultan est bien nommé Khâdim al-Harmayn (Serviteur des deux Saintes Mosquées).

Même si aujourd'hui, l'aile politique du pouvoir saoudien en proie à des difficultés politiques et financières, essaye de coopérer avec les États africains pour le contrôle des flux financiers et du financement des mouvements islamistes, les caciques religieux wahhabites constituant l'aile religieuse du pouvoir, ont encore leurs réseaux et leur autonomie financière. C'est tout le paradoxe de l'implication plus ou moins sincère de l'Arabie Saoudite dans la lutte contre le terrorisme. Ces derniers temps, on note une volonté d'en découdre avec les porteurs de l'idéologie wahhabite avec des arrestations et des évictions d'imams et de prêcheurs de ce courant partout en Arabie Saoudite.

On voit donc qu'aussi bien les États financiers que les pays aidés sont préoccupés par cette forme de coopération qu'ils essaient de récupérer à défaut de pouvoir la contrôler. Les aléas et contraintes inattendues de la vie internationale ainsi que les mutations géopolitiques aussi bien dans le Golfe que dans le Sahel pèseront de plus en plus dans l'orientation de cette diplomatie d'influence usant du religieux et des sentiments d'appartenance. Le phénomène de la transnationalité des acteurs et son incidence sur le cours et l'orientation de la politique internationale se manifestent, très nettement, dans ces cas de figures. Ces mutations n'épargnent même pas les puissances occidentales qui se sont depuis inscrites dans la logique d'influence usant même du religieux au regard de son efficacité symbolique.

Quand les puissances occidentales et Israël se convertissent à la diplomatie religieuse ...

Les puissances occidentales ne sont pas moins conscientes de cette efficacité diplomatique du religieux qu'elles ont bien cerné comme un élément essentiel dans leur politique d'influence. C'est une réelle compréhension de l'enjeu du religieux dans une société comme celle sénégalaise qui guide cette stratégie loin d'être anodine.

Les ambassadeurs européens sont désormais habitués des « cours » des khalifes confrériques à Touba, Tivaouane, Ndiassane, Yoff, de la même manière qu'ils prennent part aux plus grandes célébrations religieuses comme le Gamou, commémoration de la naissance du Prophète et le Magal de Touba.

La France, à travers son Ministère des Affaires étrangères, a officiellement initié un programme de bourses destinées aux études théologiques visant les étudiants issus d'Afrique entre autres.

Cette « opération d'influence » empruntant l'un des biais les moins attendus de la part d'un pays aussi laïc – la religion –, semble, en apparence, viser une consolidation des liens

« francophones » tout en ciblant spécifiquement des pays non européens ou de « culture occidentale ». Comme libellé dans le site du Quai d'Orsay, « *Ces bourses concernent des étudiants francophones en théologie, en priorité les religieux de toutes religions sans exclusivité. Ne sont pas éligibles les ressortissants de l'Union Européenne et d'Amérique du Nord. Les candidatures d'étudiants en cours d'études à l'étranger sont prioritaires par rapport à celles d'étudiants installés en France* [178]».

Voilà qu'en plus de la langue et de la culture, une puissance occidentale comme la France use de l'instrument religieux pour renforcer sa diplomatie institutionnelle pourtant bien établie dans la région au regard de son poids historique et de son influence culturelle et politique.

Il y a eu cette initiative de l'ambassade d'Allemagne qui organisa en 2013, un voyage de jeunes leaders religieux à Berlin pour rencontrer les autorités mais aussi le Bundestag. En plus de l'action diplomatique à travers son ambassade, l'Allemagne arrive aussi à être présente sur ce terrain par l'intermédiaire de ses fondations.

C'est le cas de la Fondation Konrad Adenauer qui, depuis plus de vingt ans, est active dans la promotion du dialogue interreligieux au Sénégal en arrivant même à impliquer l'Ambassade d'Israël dans cette initiative en tant que partenaire institutionnel[179]. Pendant que d'autres « Stiftung[180] » comme Friedrich Ebert, Rosa Luxemburg, se consacrent à des sujets plus

---

[178] - Voir la page dédiée à ce programme de bourses sur le site du Ministère des Affaires étrangères sur ce lien https://www.diplomatie.gouv.fr/IMG/pdf/annexe_1-_descriptif_theologie_2017_cle083ddc.pdf. Consulté le 5 septembre 2018.

[179] Cette implication de l'Ambassade d'Israël avait provoqué le départ de certains chercheurs comme Abdoul Aziz Kébé du comité scientifique de ce colloque qui publiera une tribune afin de dénoncer la politique israélienne au plus fort de la crise à Gaza sous le titre : « Israël, État terroriste » cf. https://www.asfiyahi.org/Israel-Etat-terroriste-Par-Abdoul-Aziz-Kebe_a1727.html. Lien consulté le 5 septembre 2018.

[180] Fondation.

« profanes », notamment la société civile et les questions de citoyenneté.

De manière inattendue, Israël, aussi, s'essaye depuis quelques années à ce jeu d'influence basé sur le levier religieux, notamment avec l'invitation d'imams et Oulémas sénégalais à visiter Jérusalem. Jouant sur la symbolique d'une convergence des trois monothéismes sémitiques autour de cette ville, Tel Aviv arrive à contourner l'obstacle de l'islamisation du conflit israélo-palestinien ; ce qui représente un « gain » diplomatique inestimable dans un pays, ayant présidé pendant trente ans le Comité Al-Quds pour la « défense des droits inaliénables du peuple palestinien », à l'ONU, aux côtés du Maroc et de l'Arabie Saoudite

Ces voyages d'imams sénégalais en Israël ont même soulevé un débat houleux au sein des organisations islamiques comme y revient cet extrait d'un important organe de la presse sénégalaise : « *Une vaste polémique est née du voyage d'une délégation d'imams sénégalais en Israël. Après la sortie musclée d'imam Youssoupha Sarr et ses amis qui ont accusé les hôtes d'Israël de trahison, Imam Oumar Diène et ses camarades sont montés au créneau pour se disculper et se présenter comme des porteurs d'un message de paix. Les membres de l'Association des imams et oulémas du Sénégal qui se sont rendus en fin novembre en Israël ont fait face à la presse hier pour démonter les accusations portées contre eux. Accusés d'avoir trahi l'islam, Imam Diène et ses amis battent en brèche et soutiennent qu'ils étaient porteurs d'un message de paix à transmettre aux dirigeants de l'Etat hébreu[181].* »

La polémique fut tellement vive que le Secrétaire général de l'Association nationale des Imams et Oulémas, Imam Diène, alors très critiqué, par une tendance rivale, avait été « obligé » de s'expliquer par voix de presse. Dans la justification de ce voyage en Israël, il mit en avant le « souci » de transmettre un « message de

---

[181] Repris par le site d'informations générales xalima.sn http://xalimasn.com/voyage-de-certains-imams-en-israel-imam-diene-et-cie-se-disculpent/. Consulté le 5 septembre 2018.

paix » aux responsables religieux juifs : « *Nous étions une délégation de six imams venus de différentes régions du pays, accompagnés de cinq journalistes, par souci de transparence [182]*», justifia l'Imam soutenant que « *les six imams étaient invités par les autorités israéliennes à Jérusalem dans un cadre purement professionnel.[183]*»

L'Ambassade d'Israël à Dakar multiplie de telles initiatives en faisant un usage diplomatique de la question du « rapprochement interreligieux » et en des circonstances qui lui permettent de mobiliser plus aisément les « symboles religieux ». L'objectif est, apparemment, de contrecarrer l'action des mouvements soutenant la Palestine, notamment, dans les milieux islamiques. C'est l'exemple de cette opération annuelle de « séduction » consistant à offrir des moutons aux démunis musulmans lors de la fête de l'Aïd (Tabaski), assez significative aussi bien pour le judaïsme que pour l'islam.

Malgré les critiques de certains intellectuels trouvant qu'il y a une incohérence entre ces actions de rapprochement religieux à visée « diplomatique » et la politique menée au Moyen-Orient par ce même pays, l'Ambassade d'Israël arrive à communiquer sur cet aspect en se servant même de relais au sein des associations d'Imams et des individualités.

De plus, les diplomates israéliens, au Sénégal, parviennent à inscrire ces actions largement relayées par les médias privés comme ceux d'État dans la durabilité et le cadre d'une diplomatie de « normalisation » n'hésitant pas à évoquer des symboles parlants puisés dans l'histoire du pays hôte :

« *Cet évènement est plus que symbolique pour moi, car il marque mes premiers jours à Dakar. Je suis heureux de perpétuer cette tradition de l'ambassade, symbole d'amitié, d'entraide et de solidarité entre les peuples d'Israël et du Sénégal [184]*», dira le tout nouvel Ambassadeur d'Israël à

---

[182] Journal l'As, *ibid.*
[183] Journal l'As, *ibid.*
[184] Propos rapportés par l'Agence de presse sénégalais sur son site sur ce lien : http://aps.sn/actualites/article/tabaski-l-ambassade-d-israel-offre-50-moutons Tabaski, l'Ambassade d'Israël offre 50 moutons. Consulté le 5 septembre 2018.

Dakar, Roi Rosenblit, dont la première sortie fut la distribution de moutons à des handicapés avant même la présentation de ses lettres de créances. Embrayant sur une tentative discursive d'établir une « histoire commune » avec le pays hôte et ses populations, il affirma :

« *Je suis très ému d'être avec vous aujourd'hui. Cette rencontre est mon deuxième cours (social) sur le Sénégal. Le premier cours d'histoire du Sénégal et de l'Afrique a eu lieu ce week-end à l'Ile de Gorée (…). L'histoire permet de connaitre les peuples, elle permet de construire les ponts entre les États et les peuples. Je suis impatient de découvrir les autres facettes du Sénégal et de sa population[185]* ».

L'usage du religieux et de ses symboles devient tellement courant et les messages diplomatiques sont de plus en plus amplifiés par la presse et même les réseaux sociaux. Un exemple des plus marquants est celui de l'Ambassadeur Tulinabo Salama Mushingi des Etats-Unis, qui y est très actif soit en partageant, de manière médiatisée, son repas de Pâques dans son quartier ou en publiant sur Twitter des photos où il s'affiche avec un mouton à l'occasion de la Tabaski devant l'entrée officielle de la représentation diplomatique. Il n'est pas inutile de souligner, dans les relations avec les Etats-Unis, que la confrérie Tijaniyya vient de parachever la construction d'une première Zawiya à New York inaugurée en octobre 2018 en présence du Khalife Serigne Mbaye Sy Mansour et de la famille de Cheikh El Hadji Malick Sy de Tivaouane.

Suivant la même logique, l'Ambassadeur de France, Christophe Bigot, tint à saluer, à l'occasion d'une rupture du jeûne organisée par la représentation française, « *la coïncidence entre la Pentecôte et le jeûne musulman* » comme signe de l'exemplarité du « *vivre ensemble sénégalais* ». Il est de plus en plus courant que même des ambassades de pays occidentaux, comme la France, la laïcité en

---

[185] *Ibid.* http://aps.sn/actualites/article/tabaski-l-ambassade-d-israel-offre-50-moutons. Consulté le 5 septembre 2018.

bandoulière, organisent des cérémonies d'Iftar, rupture du jeûne, durant le ramadan à l'instar des Américains et d'autres.

En parfaite conscience d'une thématique chère aux Sénégalais et aux autorités du pays, le diplomate français ne manque pas, à l'occasion d'une rupture de jeûne, de verser dans la « symbolique » de l'entente religieuse en ces termes :

« *Cette année, le Ramadan, mois saint par excellence pour les musulmans, coïncide avec la Pentecôte, fête chrétienne concluant le temps pascal. (….) La présence d'une délégation musulmane à Popenguine[186], les différentes interventions pendant le pèlerinage ainsi que les encouragements que de nombreux musulmans ont eu à l'égard des pèlerins sont hautement symboliques et montrent à tous que les valeurs d'échanges, de dialogue et de partage sont au cœur de la nation sénégalaise.[187]* »

Dans le cadre de son programme de bourses dit « Egide » la diplomatie française invite de plus en plus de jeunes personnalités religieuses notamment des plus influentes confréries. Ce fut le cas, en 2008, de Serigne Moustapha Sy fils du défunt Khalife Général des Tidianes, Serigne Abdoul Aziz Sy Al-Amine, qui a également été sélectionné pour le cadre du Programme des Visiteurs internationaux (IVLP) du département d'Etat américain.

Le très influent guide des *Hizbut Tarqiyyah* de la confrérie mouride, Serigne Atou Diagne avait, aussi, participé au même programme américain au milieu de responsables religieux de toute la sous-région. Il est vrai que les États-Unis, ne partageant pas la même conception de la laïcité ou de la sécularisation que la France étaient présents sur ce champ de la diplomatie religieuse depuis très longtemps.

Déjà, en 2013, ce fut en présence des représentants de toutes les confréries, des mouvements islamiques ainsi que des médias que l'Ambassade des États-Unis avait organisé une cérémonie de

---

[186] Lieu du plus rassemblement catholique du Sénégal où se déroule un pèlerinage annuel dédié à la « vierge Marie ».

[187] « Christophe Bigot magnifie l'exemplarité du vivre ensemble.

rupture du jeûne avec, comme conférencier, l'Imam de la mosquée d'Adams Center, à Washington, DC, alors président de l'ISNA, Société Islamique de l'Amérique du Nord, et réputé très proche du Président Barack Obama. Il assista même au grand Magal de Touba en tant qu'hôte de la confrérie mouride sur invitation de Cheikhouna Bara Falilou Mbacké en charge des questions « diplomatiques » lors de cet évènement religieux.

L'Ambassadeur d'Allemagne lui, effectua, une visite à Touba, capitale du mouridisme, à quelques jours de la première visite de la chancelière, Angela Merkel en août 2018, pour y être reçu par le nouveau Khalife général des Mourides Serigne Mountahka. A l'issue d'une visite largement relayée par la presse mouride marquée par un déjeuner au siège du mouvement Hizbut Tarqiyyah, Stephan Röken saluera, à travers la page Facebook officielle de l'Ambassade « *le rôle joué par les Mourides et les autres confréries pour la promotion de la paix* [188]».

En fait, la crise sahélienne ainsi qu'une prise de conscience du poids du religieux dans la société sénégalaise et son impact même dans la gestion des affaires publiques ont eu leur effet sur l'attitude des diplomates et des chancelleries occidentales à l'égard de l'islam, plus particulièrement.

De plus, il leur semble, désormais, important de prendre en considération les implications internationales de leurs prises de positions sur les questions islamiques au sein de leurs pays respectifs. Les effets de la migration avec la présence de fortes communautés musulmanes subsahariennes, surtout en France, combinés à ceux de l'évolution de la situation sécuritaire au Sahel ont profondément changé les perceptions jusqu'ici entretenues sur « l'islam d'Afrique ». Pourtant, depuis des années, les travaux

---

[188] https://www.facebook.com/AmbassadeAllemagneSenegal/posts/le-lundi-13-ao%C3%BBt-2018-lambassadeur-mr-r%C3%B6ken-a-effectu%C3%A9-une-visite-%C3%A0-la-ville-sai/1872716963036422/. Page consultée le 5 septembre 2018.

novateurs de Sophie Bava[189] fondés sur des recherches de terrain continues, appelaient à une reconsidération des questions migratoires liées au religieux et surtout leur enjeu géopolitique au-delà de la seule dimension économique. A l'heure de la diplomatie publique et de l'influence, cette présence musulmane subsaharienne en Europe et dans une moindre mesure aux Etats-Unis, représente un enjeu important dans les relations entre puissances occidentales et l'îlot de stabilité qu'est le Sénégal dans l'ensemble sahélien et ouest-africain.

Les situations de ce type sont innombrables. Il restait que, bien avant le phénomène de mode scientifique, des études sérieuses s'y penchassent afin de donner sa véritable place à cette donnée désormais incontournable que sont l'usage diplomatique de l'islam et ces formes de diplomaties d'influence s'appuyant fortement sur l'efficacité du religieux dans des contextes où il a encore toute sa portée symbolique.

Le cadre de cet ouvrage n'a certes pas permis de nous intéresser, au plus près, au cas du Nigeria où, d'un confrérisme prononcé, (avec la Tijâniyya, au Nord), on est passé, avec les effets de la manne financière « islamique », provenant, essentiellement de l'Arabie Saoudite, à l'émergence et au développement préoccupant d'un islamisme des plus extrêmes, provoquant des conflits interconfessionnels, parfois, dramatiques.

Il n'est plus un tabou, depuis quelques temps, que les intellectuels s'alarment de cette influence grandissante des thèses radicales venues d'Orient. Certains déplorent, comme Boubacar

---

[189] Bava, Sophie, *depuis son article fondateur sur* « De la « baraka aux affaires » : ethos économico-religieux et transnationalité chez les migrants sénégalais mourides », Revue européenne des migrations internationales « *2003/2 (Vol. 19)*. *Voir également* « Religions transnationales et migrations : regards croisés sur un champ en mouvement », avec Stefania Capone dans la Revue Autrepart 2010/4 (n° 56).

Boris Diop, que cette tradition qui avait permis au Sénégal de concilier coutumes locales et influences extérieures soit, aujourd'hui, menacée par ce qu'ils appellent « les prédicateurs arabes du retour aux sources [190]».

En somme, cette caractéristique d'un islam local et conciliant que nous avons considéré dans d'autres travaux comme une assimilation critique serait en train de faire place à des surenchères dont on avait peu l'habitude au sud du Sahara[191].

Au Sénégal, les confréries arrivent, pour le moment, à servir de rempart à ces dérives islamistes qui ne traduisent pas des réalités propres aux pays sub-sahariens, mais sont les résultats d'un choc de modèles religieux.

Il demeure, tout de même, que dans ce contexte sénégalais, la remise en cause de la laïcité de l'État, la condamnation systématique de défenseurs de Droits de l'Homme et des mouvements féministes, par les associations islamiques contestataires s'inscrivent dans un souci d'importer des idéologies et des modèles du monde arabe pour s'aligner aux revendications des islamistes d'ailleurs. Il en est de même des pressions exercées sur l'État pour l'interdiction d'ouvrages jugées « hétérodoxes » menaçant les libertés académiques et la recherche scientifique de manière générale.

Il faut, en partie, mettre ces aspects d'une apparente poussée islamiste sur le compte de cette même fascination de l'Orient, de la langue arabe et la non-distinction entre ce qui relève de l'islam en tant que tel et des manipulations idéologiques dont il fait l'objet.

Dans une situation sociopolitique où la contestation devient un thème politique plus que porteur au sein d'une population jeune et désemparée, l'alliance de plus en plus prononcée entre autorités

---

[190] L'écrivain sénégalais exprimait ces craintes dans le *Neue Zürcher Zeitung* (Zurich), article repris dans Courrier International de juin-juillet-août 2003, sous le titre « *L'islam « arabe », un nouveau colonialisme au sud du Sahara* », pp.48-49.
[191] Voir notre article "*Débat religieux au Sénégal: non aux abus de conscience*" paru dans le quotidien Wal Fadjri du 5 août 2003.

politiques et chefs confrériques privilégiés pourrait grossir les rangs des déçus du système confrérique. Les mouvements radicaux, adeptes de l'islam politique, seront les premiers bénéficiaires d'une telle situation et sauront en exploiter toutes les possibilités y compris politiques.

D'un autre côté, il est certain que ces interactions, ces calculs et stratégies seraient difficilement perceptibles par des études excluant les acteurs ordinaires dans l'approche des faits internationaux et du fait politique tout cours. En Afrique, une rupture en science politique d'avec le juridisme institutionnel hérité de l'école française devient plus que nécessaire.

L'intérêt scientifique pour le facteur islamique dans les rapports arabo-africains et ses incidences dans l'action publique a été motivé par le fait de mettre en exergue, entre autres, l'ampleur de l'islam sur le plan socio-politique dans cette région d'Afrique de l'Ouest.

Cet islam africain s'est toujours positionné par rapport au reste du monde musulman avec lequel ses acteurs entretiennent des relations qui façonnent les rapports entre l'État et l'ensemble arabe.

Au-delà des institutions, ce sont les cadres de rapprochement mis en place par les peuples et les « simples » individus qui ont le plus attiré notre attention dans les différents travaux conduits durant ces dernières années. Tout en prenant en compte l'interpénétration des facteurs religieux et politiques dans ces rapports, nous voyons bien la manière dont les appartenances et l'adhésion à un dogme pouvaient susciter le sentiment de constituer une communauté sentimentale.

Il serait constructif de reconsidérer les stratégies des acteurs informels qui font que l'appartenance religieuse puisse être de nature à fournir la matrice d'une politique capable de susciter l'adhésion des masses.

Ces appartenances peuvent, sans doute, avoir un enjeu politique international et, comme l'a toujours soutenu Maxime Rodinson, sont à la base de « réseaux de normes et de comportements (…) imprégnés de religiosité et surtout de réaffirmation constante d'une existence commune [192]».

Au Sénégal, lorsque le régime du président Abdoulaye Wade commençait, déjà, à sortir de plus en plus de son état de grâce, la sonnette d'alarme avait été tirée sur l'imbrication entre le politique et le religieux dans tous les domaines de la vie institutionnelle voire diplomatique. L'instrumentation politique du religieux par tous les acteurs en concurrence se banalise et devient même un jeu dont tout le monde essaye de tirer un certain profit.

Étant le premier gouvernement issu d'une alternance politique paisible sans précédent dans l'histoire du pays, ce régime avait bénéficié d'une adhésion populaire qui s'est vite effritée. Les dernières années de Wade au pouvoir ont été particulièrement marquées par une accointance avec les milieux religieux malgré toutes les critiques que le « vieux opposant » formulait contre le régime socialiste pour les mêmes pratiques.

La non-réalisation des promesses électorales plongeait, progressivement, ce gouvernement dans le même environnement politique hostile qui fut fatal aux socialistes évincés. Avec une crise économique des plus aiguës, la contestation de plus en plus manifeste du régime libéral et de son action, la perte de crédibilité de certains leaders confrériques, on n'a pu exclure un renforcement des courants islamistes non confrériques qui trouvèrent là un terreau plus que favorable.

Même avec le départ de Wade de la tête du Sénégal, les manipulations mutuelles entre les mondes politique et religieux pour des intérêts conjoncturels électoraux comme matériels qui continuent à avoir cours sur l'espace social sénégalais, laissent entrevoir le même type d'évolution.

Mais les évolutions récentes dans le Sahel et au plan international avec la montée du terrorisme appellent à de nouvelles approches. Les questions du Moyen-Orient qui, en dehors des positions fortes sur la question palestinienne, étaient secondaires

---

[192] Rodinson, M., *ibid.*, p. 89.

pour une diplomatie peu affranchie des pressions. Les derniers errements diplomatiques du Sénégal sur la crise opposant le Qatar à ses voisins du Conseil de coopération du Golfe ont été révélateurs d'insuffisances inopportunes dans un contexte international plus qu'instable.

Des risques similaires ont été pris lors de l'incompréhensible décision – heureusement dissuadée – d'envoyer des soldats sénégalais prendre part à la guerre saoudienne au Yémen à la chasse de l'ennemi chiite. Pendant ce temps, l'on semble négliger la montée en puissance de l'Iran revenu dans les faveurs de la communauté internationale avec des arguments économiques et géostratégiques qui doivent donner à réfléchir.

En suivant de manière suiviste la politique de l'Arabie Saoudite elle-même hasardeuse, le Sénégal semble avoir raté l'opportunité d'un leadership diplomatique ne serait-ce que par un appui de la médiation de certains pays « amis » comme le Koweït, le Maroc et même la France qui a préféré la prudence.

Les changements politiques inéluctables en Arabie Saoudite ainsi que l'entrée prévisible du royaume dans une instabilité à haut risque pour le Moyen-Orient et le monde musulman devraient, selon les analystes, appeler à plus de réalisme surtout que le Sénégal n'a pas les moyens de peser lourdement sur la balance diplomatique sinon par le symbolisme de la médiation.

De telles erreurs d'appréciation se révèlent souvent fatales surtout pour un pays longtemps connu pour sa modération et sa recherche d'équilibres diplomatiques notamment avec la doctrine du règlement pacifique des conflits.

Tout cet ensemble de faits a justifié que, ces dernières années, sur le plan méthodologique, nous nous sommes éloignés des sentiers battus en matière d'analyse de politique internationale. Il y a aussi l'extrême orientation des différents paradigmes disponibles et leur non prise en compte des biens symboliques en tant qu'enjeux réels des nouvelles relations internationales.

En définitive, ces schémas, fruits de terrains spécifiques n'auront pas réussi à cerner toute l'ampleur ou la portée d'autres phénomènes dans des contextes socio-historiques spécifiques.

C'est dans ce sens que l'approche anthropologique – négligée par les diplomaties qui ne se modernisent pas – pourrait être d'une grande utilité en ce qu'elle permet l'étude des procédures de construction du sens dépendant de « symboliques collectives », selon l'expression de Marc Augé[193].

C'est d'ailleurs sur le terrain du religieux que se jouent les rivalités maroco-algériennes au Sahel et en Afrique de l'Ouest. Là où le Maroc « vend » l'image d'un pays moderne avec une interprétation pacifique des textes religieux, crée des ligues d'Oulémas et forme des imams, l'Algérie se positionne dans le cadre du partage des expériences religieuses en matière de lutte contre l'extrémisme. Depuis quelques années, en plus de ses leviers d'influence en matière diplomatique au sein de l'UA, l'Algérie a mis en place la Ligue des Oulémas, prêcheurs et imams des pays du Sahel dirigée par Cheikh Youssef Mecheria.

En tout cas, les religions et toutes les autres formes de religiosités ont un véritable impact dans la gouvernance des sociétés africaines dans le sens où elles orientent et opposent des acteurs de toutes sphères et servent de légitimation de l'action publique.

Religions et religiosités semblent s'affirmer, durablement, en tant que facteurs plus que déterminants en Afrique plus que dans d'autres régions du monde. La mobilisation de ressources et de paradigmes fruits d'autres contextes sociaux demeure, cependant, toujours problématique.

Mais, sans verser dans le culturalisme ou l'ethnocentrisme, la « vue portée au loin » - la formule est de Rousseau – pourrait gagner en efficacité en prenant en compte les réalités locales.

---

[193] Augé, M., « Espace et altérité », in Françoise-Romaine Ouellette et Claude Bariteau, *Entre tradition et universalisme*, Québec, Institut québécois de recherche sur la culture, p. 21.

Inscrire les particularités dans le cours de l'universalité n'est point une négation de cette dernière.

La définition que I. Shulte-Tenckchoff donne de l'anthropologie comme : « *pari d'une dialectique entre similitude et différences, alliant la tradition problématique de la diversité des sociétés et l'ambition de déceler dans les singularités, une logique générale de construire un savoir portant sur l'unité du genre humain* [194]» correspond aux attentes que l'on pourrait avoir de la réinvention critique des paradigmes dominants.

Nous n'irons pas jusqu'à affirmer comme Claude Liauzu[195] que « *les hypothèques qui pèsent sur la scientificité de l'étude du tiers monde sont considérablement plus lourdes* » que celles portant sur l'étude des sociétés occidentales, mais nous croyons, comme lui, qu'il s'impose, maintenant, une opération de déconstruction que des générations entières ont constamment reportée. Cette dernière, passerait nécessairement par une critique de « l'inconscient du savoir », c'est à dire par une sérieuse analyse de sa production et une approche critique des paradigmes dominants.

---

[194] Cité par Claude Liauzu, in *l'islam de l'Occident, la question de l'islam dans la conscience de l'Occident*, Paris, 1989, 181 pages, p. 54.
[195] *Ibid.*, pp. 54-55 et suivantes.

CONCLUSION

De la diversification du champ religieux sénégalais depuis les années 50 aux récentes évolutions ayant mené à la mise en place d'un symbolique « Cadre Unitaire de l'islam au Sénégal », il y a nombre de réalités que n'ont pas pu prendre en compte les études et travaux consacrés à ce terrain en pleine mutation. La très simpliste classification binaire des acteurs de cet islam par les spécialistes loin du terrain, n'a pas aidé à saisir toutes les nuances de cette tension continuelle entre un État laïc et une société « religieuse ».

Dans un tel contexte d'une complexité parfois déconcertante, l'analyse de l'islam politique avec des schémas d'un autre temps n'a pas pu saisir les différentes dynamiques et ruptures qui ont conduit à cette « nouvelle conscience » confrérique, loin de la vision statique des rapports entre « le marabout et le prince ». Cette vision mettait le « marabout » dans une simple posture de « client » politique alors que depuis longtemps, cette catégorie de citoyens peu ordinaires, adopte ses propres stratégies et n'exclut même plus la conquête du pouvoir. De plus en plus, les confréries sont devenues, contrairement aux paradigmes dominants, des lieux d'élaboration d'un discours critique sur le politique et ses acteurs au point de hisser l'islamisation de la contestation à un niveau que n'ont jamais pu atteindre les mouvements réformistes par défaut d'ancrage dans le tissu social.

D'un autre côté, les mutations internes du champ ne sont pas dissociables des nouveaux défis de la transnationalité qui affecte même les acteurs d'un islam politique en quête de repères, d'espace et de temps. Seule la prise en considération de ces nouveaux faits permettrait de saisir nombre des aspects d'une évolution qu'on a longtemps voulu enfermer dans une opposition entre confréries et mouvements réformistes. D'ailleurs, la définition de ce dernier terme n'a jamais été la préoccupation scientifique de ceux qui l'utilisent hors contexte et sans saisir toutes les contradictions d'un tel courant. Depuis les tentatives du mouvement Jama'atou Ibadou Rahmane à la fin des années 70 jusqu'à l'émergence de nouveaux leaders misant sur les itinéraires brouillés d'un militantisme islamique avoisinant une forme de taqiyya politique, il y un ensemble de facteurs dont la compréhension auraient nécessité, de la part des spécialistes, une sortie des sentiers battus vers une démarche incluant la veille continue au-delà de l'observation strictement sociologique, photographie approximative d'un instant et d'un discours dans le temps.

Par ailleurs, l'éclatement de la crise sahélienne, depuis les évènements du Mali, en 2011, a induit de nouvelles réalités dont l'analyse ne peut se départir de la naissance de nouveaux espaces d'appartenance et des bricolages idéologiques des acteurs en parfaite intelligence des situations politico-sécuritaires ainsi que des enjeux géopolitiques.

Au même moment où la région et l'ensemble sahélien deviennent l'épicentre des nouvelles compétitions occidentales mais aussi le centre d'intérêt des puissances du Golfe privilégiant les mobilisations basées sur l'investissement de ressources symboliques et religieuses, il s'opère de nouvelles formes d'ingérences « admises » et une islamisation progressive de la coopération avec l'Afrique.

Ainsi, missions de prédication et stratégies d'expansion idéologique ponctuent les actions d'une diplomatie d'influence qui ne peut se passer de relais locaux, impactant, de ce fait, l'orientation idéologico-politiques des associations islamiques. Ces dernières dont le cheval de bataille était jusqu'ici la défense et la promotion de l'enseignement de l'arabe et, par devers lui, de l'islam, se retrouvent au milieu des différends diplomatiques au Machrek et des contradictions de politiques étrangères privatisées.

Dans une configuration politique interne où l'État ne réussit pas à gérer, objectivement, la question arabisante et le problème que posent l'existence d'une élite frustrée et marginalisé, les interférences entre diplomatie d'influence et militantisme islamique accentuent l'islamisation des contestations.

Cet état de fait est aggravé par le choc des modèles religieux entre confréries et autres mouvements salafistes ou wahhabites dans lequel il faudra aussi lire une forme de contestation d'un système étatico-religieux de manière plus globale avec ses incohérences en termes de gouvernance.

Les signes de rapprochement entre les différents courants islamiques et la plus grande ouverture des mouvances salafistes au dialogue sont en lien avec les évolutions en Arabie Saoudite et leur impact sur le terrain religieux en Afrique. Ahmed Khalifa Niasse, nous confiait dans un récent entretien qu'il était persuadé que le wahhabisme « *vivait ses derniers instants historiques sous nos tropiques* ».

Pour cet important acteur de la vie religieuse et politique au Sénégal, par ailleurs, muqaddam de la Tijâniyya, « *de la même manière que la chute du mur de Berlin et la disparition de l'Union soviétique avaient entraîné celle du communisme et des mouvements de gauche satellites, une éventuelle déchéance de la doctrine wahhabite en Arabie Saoudite va forcément signer la disparition progressive des ses soutiens au Sénégal et dans le monde.* [196]»

Il demeure que l'une des principales vulnérabilités du Sénégal est son système éducatif dual, à plusieurs vitesses et à destination incertaine, du moins, pour l'heure inconnue. Certes, des efforts sont faits à travers l'instauration de « daara modernes » qui, finalement, ont été vite investis par les courants salafistes pour que leur travail de « prédication » se fasse le plus tôt possible au moment où on continue de tout miser sur un « rempart » confrérique subissant l'œuvre du temps, déconnecté des réalités d'une jeunesse en quête de sens sous l'effet de la mondialisation du croire.

---

[196] Entretien avec le chef religieux dans sa résidence en mai 2018.

Malgré les itinéraires mixtes de certains acteurs issus des deux écoles – arabe et française –, cette dualité du système éducatif créera – si ce n'est déjà fait – une confrontation au moins idéologique entre deux élites : l'une francophone puisant ses références du monde occidental et de la démocratie libérale et l'autre, arabophone, s'inspirant des modèles du Maghreb et du Moyen-Orient bien que ces deux entités ne soient pas, elles-mêmes, en dehors des évolutions vers la « modernité » et la sécularisation.

Ainsi, le Sénégal se retrouve dans la situation paradoxale de devoir construire une citoyenneté dans le cadre d'une nation sans ciment national éducatif dont l'école unifiée, prenant en compte la diversité des choix et des besoins, devrait être la base durable.

La persistance des incohérences politiques datant de la période coloniale est le moteur même des discours contestataires de l'élite dite « arabisante ». Elle aide, surtout, à la construction d'une perpétuelle conflictualité latente autour de la question éducative.

La négation dénoncée de la part d'arabophonie du pays du chantre de la francophonie a abouti à une politisation à outrance des frustrations de l'élite « arabisante » qui parvient à développer d'autres voies d'existence politique et économique.

Cette islamisation d'une « cause arabisante » a fini par en faire un levier d'influence et d'ingérence de la part des pays arabes plaçant, ainsi, le Sénégal dans une posture difficile entre l'incapacité de résoudre définitivement l'équation arabisante et les contraintes de la politique étrangère.

De ce fait, comme nous avons tenté de le montrer tout au long de cet ouvrage, la politique arabe du Sénégal est dans une perpétuelle contradiction mettant, constamment, sa souveraineté à l'épreuve de la transnationalité et même d'une certaine forme de « diplomatie privée » qui échappe à l'État.

Finalement, l'absence de grilles d'une lecture rationnelle de cette diplomatie en direction du monde arabe est, d'une part, le signe de tâtonnements conjoncturels et, de l'autre, de contradictions des choix entre une complémentarité avec la diplomatie privée et une mutualisation pragmatique qui a aussi ses risques.

En définitive, c'est le reflet des contradictions de la politique interne et des compromis entre acteurs politiques et religieux que l'on observe dans la conduite de la diplomatie sénégalaise au Maghreb comme au Machrek, les seules régions du monde où l'Etat affecte, encore, des diplomates qui n'en parlent ni ne comprennent la langue.

Devant une telle situation, il urge d'adopter des approches différenciées dans l'analyse des relations entre le Sénégal et le monde arabe surtout que, de plus en plus, les trouvailles religieuses ainsi que l'investissement des ressources symboliques vont marquer davantage ce champ éminemment complexe. Sur les pas du Maroc, même la Turquie ou encore la Tunisie post-révolutionnaire semblent, à présent, conscientes de cette nécessité d'une dose de religiosité dans l'élaboration de leurs stratégies subsahariennes.

Cette tendance s'observera de plus en plus nettement dans les stratégies africaines des pays arabes au point de réorienter les attitudes et choix, parfois contradictoires, des puissances occidentales qui, comme celles du Golfe, sont aussi à la recherche effrénée d'oasis d'influence en Afrique de l'Ouest et au Sahel.

RÉFÉRENCES BIBLIOGRAPHIQUES

Ouvrages et articles :

Abdelli-Pasquier, F., *La Banque arabe pour le développement économique en Afrique et la coopération arabo-africaine,* Paris, L'Harmattan, 1991, 254 p.

Algar, H. ; Djait, H. ; Kedourie, E. et alii, *Islam et politique au Proche-Orient aujourd'hui,* Paris, Gallimard, coll. Le Débat, 1991, 358 p.

Al Mazrui, A., *"Black Africa and the Arabs",* Foreign Affairs, vol. 53, n°4, juillet 1975

« *L'Afrique au XXe siècle* », Paris, A. Colin, 1993, 363 p.

Amin, S., *"La coopération afro-arabe. Bilan et perspectives",* Afrique et développement, vol. XI, 2-3, 138p.

Amin, S., *"Y-a-t-il une économie politique du fondamentalisme islamique ?",* Peuples méditerranéens, *L'islamisme en effervescence,* n°21, octobre-décembre 1982, pp. 181-197.

Amr, H., *"La laïcité spécifique de l'islam",* Autre temps, n°10, septembre 1986, pp. 21-30.

Arkoun, M *"Les idées réformistes de la pensée musulmane contemporaine",* Revue des sciences morales et politiques, n°4, 1984, pp

Aron, R., « *Qu'est-ce qu'une théorie des relations internationales ?* », Revue Française de science politique, vol. XXVII,

Paris, PUF, n° 5, oct. 1967, pp. 837-861.

Ba Mame-Penda, « La diversité du fondamentalisme sénégalais. Éléments pour une sociologie de la connaissance », *Cahiers d'études africaines* 2012/2 (N° 206-207), p. 575-602.

Badie, B., Coulon C. Cubertafond, B., Dumond, P., *Conntestation en pays islamiques,* Paris, 1984, 116 p.

Baulin, J., *The Arab role in Africa,* London, Penguin Books, 1962, 143 p.

Bayart J-F.; Mbembe, A.; Toulabor, C., *Le politique par le bas en Afrique noire. Contributions à une problématique de la démocratie,* Paris, Karthala, coll. Les Afriques, 1992, 268 p.

Biarnès, P., *"La diplomatie sénégalaise",* Revue française d'études politiques africaines, n°149, may 1978, pp. 62-78.

Biroune, A., *"L'Arabie Saoudite et l'Afrique",* Défense nationale, mars 1977, pp. 157-159 .

Bourdieu, P., *"Genèse et structure du champ religieux",* Revue française de sociologie, vol. XII, 1971, pp. 295-334.

Bourdieu, P., "Langage et pouvoir symbolique", Fayard, 1982, 403 p.

Bourgi, A., *"Afrique Noire-Monde arabe : de la solidarité politique à la coopération institutionnelle",* Revue française d'Etudes politiques africaines, n°132, décembre 1976, pp. 22-34.

Brenner, L. (ed.), *Muslim Identity and Social Change in Sub-Saharan Africa,* London, Hurst, Bloomington, Indiana University Press, 1993.

Brenner, L. ; Last, M., *The role of language in West African Islam",* Africa, vol. 55, n°4, 1985, pp. 432-446 .

Burke, E. ; Lapidus, I. J. (eds.), *Islam, Politics and Social Movements,* Berkeley, University of California Press, 1990, 332 p.

Callaway, B. ; Creevey, L., *The Heritage of Islam : Women, Religion and Politics in West Africa,* Boulder-London, Lynne Rienner Publishers, 1994, 221 p.

Carré, O. (dir.), *L'Islam et l'Etat dans le monde d'aujourd'hui,* Paris, P.U.F, 1982, 272p. **Carré, O.,** *"Le combat pour Dieu et l'etat islamique chez Sayyid Qotb, l'inspirateur du radicalisme islamique actuel",* Revue française de science politique, XXXIII, 4, août 1983, pp. 680-705.

Constant, H., *"Deux aspects du fondamentalisme islamique. Sa signification au Mali actuel et chez Ibn Taimiya",* Archives de sciences sociales des religions, 50, 1980, pp. 177-190 .

Constantin, F. : *La transnationalité : de l'individu à l'Etat,* in Les individus dans la politique internationale, sous la direction de Michel Girard, Ed. Economica, 1994 (154-174).

Coquery-Vidrovitch, C., *"Les débats actuels de la colonisation",* Tiers-Monde, t. XXVIII, n°112, octobre-décembre 1987, pp. 777-791.

Coulon, C., *"La connection musulmane en Afrique Noire",* Table ronde n°1: *Pour ou contre une interprétation culturaliste des relations internationales,* Association française de science politique, 1981, 21p.

Coulon,.C., *Le marabout et le Prince. Islam et pouvoir au Sénégal,* Paris, Pedone, 1981, 317 p.

Coulon, C., *"Construction étatique et action islamique au Sénégal",* Carré, O. (dir.), *L'Islam et l'Etat dans le monde d'aujourd'hui,* Paris, P.U.F, 1982, pp. 258-270 .

Creevey, L. E., *"Muslim brotherhoods and politics in Senegal in 1985",* The journal of modern african studies, vol.23, n°4, décembre

1985, pp. 715-721.

Crowder, M.,*Senegal: a study in French assimilation policiy,* London, Oxford University Press, 1962, 104 p.

Cruise O'Brien, D. B. ; Coulon, C., *Charisma and Brotherhood in African Islam*, Oxford, Clarendon Press, 1988, 223 p.

Curtin, P. (ed.), *African and the West : intellectual responses to european culture*, Madison, University of Wisconsin Press, 1972, p.

Diop, Cheikh Anta, *Nations nègres et culture ; de l'antiquité nègre égyptienne aux problèmes culturels de l'Afrique noire d'aujourd'hui*, Ed. Présence Africaine, Paris, 1979, 556 p.

Diop, M. C. ; Diouf, M., *Le Sénégal sous Abdou Diouf, État et société*, Paris, Karthala, 1990, 436 p.

Dramé Saliou, *Le musulman sénégalais face à l'appartenance confrérique*, Paris, L'Harmattan, 2011.

Fall, M., *"L'Etat sénégalais et le champ islamique"*, Le Mois en Afrique, nos 217-228, 1984, pp. 155-159.

Fall, M., *Sénégal, L'Etat, Abdou Diouf ou le temps des incertitudes*, Paris, L'Harmattan, Coll. Points de vue, 1986, 87 p.

Fazhur, R., *"Revival and reform in islam"*, The Cambridge history of islam, vol. 26, 1977, pp. 632-656.

Ferjani, M-Ch., Le *Politique et le religieux dans le champ islamique,* Paris, Fayard, 2005.

Ferjani, M-Ch., *"L'Islam contre la modernité ?"*, Confluences en Méditérranée, n°3, print., 1992.

Ferjani, M-Ch *Pour en finir avec l'exception islamique,* Editions Nirvana, Tunis, 2017.

Ferjani, M-Ch *Al-'almana wa'l-'almâniyya fi'l-fadhâ'ât al-islâmiyya (Sécularisation et laïcité dans les espaces musulmans)*, Dâr al-Tanweer, Beyrouth-Le Caire-Tunis, 2017,

Ferjani, M-Ch, *Religion et démocratisation en Méditerranée*, *Editions Riveneuve, Paris 2015/ Nirvana, Tunis 2016*

Ferjani, M-Ch*, Islamisme, Laïcité et droits humains*, Amal Editions, Tunis, 201 (réédition actualisée d'Islamisme, laïcité et droits de l'Homme, l'Hamattan, Paris, 1992.

Ferjani, M-Ch *Les voies de l'Islam, approche laïque des faits islamiques*, CRDP de Franche-Comté/Le Cerf, Besançon/paris, 1996, *Prison et liberté*, Mots Passants, Tunis, 2015.

Fernandez, J., *"African religious movements : types and dynamis"*, Annual review of anthropology, 1978, pp.

Fisher, H. J., *"Some reflections on Islam in independant West Africa"*, Clergy Review, 1967, pp.178-190.

Fukuyama Francis, *La fin de l'Histoire et le dernier homme*, Flammarion, 1992, 452 pages

Gauchet, M., *Le désenchantement du monde. Une histoire politique de la religion, Paris,*

Ghalioun, B., *"Pensée politique et sécularisation en pays d'Islam"*, L'Islamisme, Les dossiers de l'Etat du monde, Paris, La découverte, 1994, pp. 15-28.

Ghils, Paul, *Les logiques de l'international; de l'interétatique au transnational*, in Mélanges, Marcel Merle *"Les relations internationales à l'épreuve de la science politique"*, Paris, Economica, 1993, 400p, pp. 45-60.

Gomez-Perez, M., *"Les associations islamiques à Dakar"*, Colloque internatioanl "Etat et société au Sénégal : crises et dynamiques sociales", Bordeaux, Centre d'étude d'Afrique noire, 22-24 octobre 1991, 16p. multigr.

Habermas, Jürgen : *Logique des sciences sociales et autres essais* , traduct. de Rainer Rochlitz, PUF, 1987
Harrison, C., *France and Islam in West Africa 1860-1960*, Cambridge, Cambridge University Press, 1988, 242p.

-Haseeb, K. El-Din (ed.), *The Arabs and Africa*, London, LCroom Helm and Centre for Arab Unity Studies, 1985, 717p

Hiskett, M., *The development of Islam in West Africa*, London, Longmans, 1984, 353p. **Hodgkin, E.,** *"Islamism and Islamic Research in Africa"*, Islam et sociétés au sud du Sahara, n°4, novembre 1990, pp. 73-130.

Hunwick, J. O., *"The influence of arabic in West Africa"*, Transactions of the historical society of Ghana, London, Logmans, vol. 7, 1964, pp. 24-41

Huntzinger, Jacques, *Introduction aux relations internationales*, Paris, Seuil, 1987

Kaba, L., *The Wahhabia. Islamic reform in West Africa*, Evantson, Northwestern University Press, 1974, 285p.

Kaba, L., "Notes on the study of Islam in Africa", Afrika Zamani, juillet 1975, n°4, pp. 53-66.

Kaba, L., *"The politics of quranic education among muslim traders in the western Sudan : the subbanu experince"*, Revue Canadienne des Etudes Africaines, vol.X, n°3, 1976, pp. 409-421.

Kane, O., *"Les mouvements religieux et le champ politique au Nigéria septentrional: le cas du réformisme musulman à, Kano"*, Islam et sociétés au sud du Sahara, n°4, novembre 1990,

Keohane, Robert&Nye, Joseph, *Power and interdependance revisited*, International Organization, vol 41, numero 4, 1987, p. 725-753.

Khair El-Din, H. (ed.), *The Arabs and Africa*, London, Sydney, Dover, Croom helm, 1985, 717p.

Khosrokhavar, F., *L'utopie sacrifiée. Sociologie de la révoluation iranienne*, Paris, Presses de la Fondation Nationale des Sciences Politiques, 1993, 337p.

Khouri, N., *"Acteurs islamistes et modernité dans l'Egypte des vingt dernières années"*, Tiers Monde, t. XXXVI, n°141, janvier-mars 1995, pp. 145-161.

Ki-Zerbo, J., *Histoire de l'Afrique noire, d'hier à demain*, Paris, Hatier, 1972, 731p.

Lapidus, I., *Contemporary islamic mouvements in historical perspectives*, Berkeley, University of California Press, 1983, p.

Lasisi, R. O., *"French Colonialisme and Islamic Education in West Africa, 1900-1939"*, Muslim Education Quaterly, 12 (3), 1995, pp. 12-22.

Levtzion, N., *"Rural and urban Islam in West Africa: an introductory essay"*, Asian and african studies, vol.20, n°1, 1986, pp. 7-26.

Lewis, I. M. (ed.), *Islam in Tropical Africa*, London, Oxford University Press, 1980, 310p.

Liauzu, C., *Aux origines des tiers-mondismes: colonisés et anticolonialistes en France 1919*-1939, Paris, L'Harmattan, 1982, 274p.

Loimeier, R., *"Religiös-ökonomische Netzwerke in Senegal -Das Beispiel der murîdischen Expansion in Dakar"*, Afrika Specrum,

Hamburg, 1, 1994, pp. 99-111.

Loimeier, R., *"Cheikh Touré. Du réformisme à l'islamisme, un musulman sénégalais dans le siècle"*, n°8, novembre 1994, pp. 55-66.

Markovitz, I. L., *"Traditional Social Structure, the Islamic Brotherhoods, and Political Development in Senegal"*, The journal of Modern African Studies, vol.8, n°1, avril 1970, pp. 73-96.

Marone, I., *"Le tidjanisme au Sénégal"*, Bulletin de l'Institut fondamental de l'Afrique Noire (Dakar), série B, XXXII, 1, 1970, pp. 136-215.

Mattes, H., *Die islamitische bewegung des Senegal zwischen autonomie und aussen orienterung am biespiel der islamitischen presse Wal Fadjri und Etudes Islamiques mit dokumenten*, Hamburg, ed. Wuqûf, Hanspetter Mattes verlag, 1989, 103p et 79p.

Mazrui, A. A., *"African Islam and competitive religion : between revivalism and expansion"*, Third World Quaterly, "Islam and politics", vol. 10, n°2, April 1988, pp. 499-518.

Mbaye, S., *Guide des archives de l'Afrique occidenatle française*, Dakar, Archives du Sénégal, 1990, 204p.

Merad, A., *"Içlâh"*, Encyclopédie de l'Islam, tome IV, pp. 146-170.

Merad, A., *"Origines et voies du réformisme en Islam"*, AEIO, t. XVIII-XIX, 1960-1961, pp. 359-404.

Merle, Marcel, (sous dir.), *Les relations internationales à l'épreuve de la science politique*, Paris, Economica, 1993, 403 p.

Meslin, M., "Le phénomène religieux populaire", Les religions populaires, Laval-Québec, Presses universitaires, 1972,

Morgenthau, R. S., *Political parties in French speaking West*

Africa, Oxford, Clarendon Press, 1960, 448p.

Morghentau, Hans, *Politics among nations, The Struggle for Power and Peace*, New York, Alfred Knopf, 1978, 650 pages

Mûsâ, 'Izz Dîn U, « *Dirâsât Islâmiyya Gharb Ifrîqiyya* , in *Buhûth Târîkhiyya*, n°2 mars 1999.pp57- 92.

Ndiaye, M.,*L'enseignement arabo-islamique au Sénégal*, Istanbul, Centre de recherches sur l'histoire, l'art et la culture islamique, 1985, 253p.

N'Diaye, M., "*Nationalism as an Instrument of Cultural Imperialism- a Case Study of French West Africa*", in Ghayasuddin, M. (ed.), *The Impact of Nationalism on the Muslim World*, London, Open Press and Al-Hoda, 1986, pp. 89-101.

Ndiaye M. B, *Adwâ' 'ala Sinighâl*, Lumières sur le Sénégal, le Caire 1990

Niane, Seydi Diamil, *Moi musulman, je n'ai pas à me justifier*, Ed. Eyrolles, Paris 2017

Nicolas, G., "*Les relations arabo-africaines vues de l'Afrique de l'Ouest*", Mémoires du CERMAA, n°2, 1983, pp. 129-175.

Nicolas, G., "*L'Islam au sud du Sahara aujourd'hui*", L'Afrique et l'Asie modernes, n°153, été 1987, pp. 4-45.

-Nyang, S., "Saudi Arabian foreign policy toward Africa", Horn of Africa, 5, 2, 1982, pp. 3-17.

Oded, A., "*The promotion of islamic activities by arab countries in Africa-contemporary trends*", Asian and African Studies, (Haifa), 21, 1987, pp. 281-304.

Omari, H. K., "*The islamic factor in african aras relation*", Third world quaterly, vol. 16, n°3, july 1984, pp. 687-702.

Otayek, R. (dir.), *Le radicalisme islamique au sud du Sahara, da'wa, arabisation et critique de l'Occident,* Paris, Karthala-MSHA, 1993, 264p.

Otayek René, *Arabie Saoudite-Afrique : éléments pour une analyse de la politique extérieure d'un panislamisme conservateur,* Centre d'étude d'Afrique noire, 1983.

Rodinson, M., *L'islam : politique et croyance,* Fayard, 1993, 327 pages

Roseneau, James N.,*Turbulence in Wold Politics, A Theory of Change and Continuity,* Princeton University Press, 1990, 480p

Roy, Olivier, *"De l'Islam révolutionnaire au néofondamentalisme",* Esprit, n°163, juillet-août 1990, pp. 5-14.

Roy, O., *"Les nouveaux intellectuels islamistes : essai d'approche philosophique",* Kepel, G.; Richard, Y. (dir.), *Intellectuels et militants de l'islam contemporain,* Paris, Seuil, 1990, pp. 261-283.

Roy, O., *"L'échec de l'islam politique",* Esprit, août-septembre 1992, pp. 106-129.

Ruffin, J-C, *L'empire et les nouveaux barbares,* Lattès, 1991, 254p.

Said, Edward, *L'Orientalisme, l'Orient créé par l'Occident,* Paris, Seuil, 1978, 392 pages.

Samb, A., *"L'Islam et l'histoire du Sénégal",* Bulletin de l'IFAN, t. XXXIII, série B, n°3, 1971, pp. 461-507.

Samb, Babacar., *"Reflexions sur le rôle de la langue arabe dans l'Afrique soudano-sahélienne et l'enseignement arabo-islamique au Sénégal",* Actes du colloque de Dakar, le 4 janvier 1988, pp. 270-277.

Samb, Ndiogou Mbacké, *Jamâ'atu Ibâdu Rahmân fî Sinighâl, At-ârîkh wal Minhaj,* Markaz al- Maqâcid, li-d-dirâsât wal Buhûth,

Rabat, 2018.

Samb, Babacar., *"Le rôle des associations islamiques dans la régulation politique et sociale en milieu urbain au Sénégal"*, Annales de la Faculté de Lettres et Sciences Humaines de Dakar 1989, pp. 95-105.

Sambe, Bakary., *"L'islam dans les relations arabo-africaines : enjeux et perspectives"*, Afric'essor n°4, 1er Trim, 41-43, année 1999.

Sambe, Bakary., *"Islam "noir" : Construction identitaire ou réalité sociohistorique ?*, Courrier du GERI, Printemps-Hiver 2001.

Sambe, Bakary., *"L'islam africain au défi de l'unitarisme : débats et controverses"*, Etudes Maghrébines, n°15-16/2002, pp. 20-28.

Sambe, Bakary., " *Al-islâm wa al-siyâsat al-dawliyyah: namûÆaj al-'alàaqât al-'arabiyya al-ifrîqiyya"*" (Islam et politique internationale; cas des relations arabo-africaines), Courrier du GERI, Hiver-Printemps, 2003, article en arabe.

Sambe, Bakary, *Nouveau visage du militantisme islamique au Sénégal : l'opposition confréries/ associations est-elle encore pertinente ?*, Communication au Colloque International Islam politique au Sud du Sahara, Discours, Trajectoires et réseaux, Université Paris 7 – SEDET, 28-30 octobre 2002.

Sambe, Bakary, *Boko Haram, du problème nigérian à la menace régionale*, Presses panafricaines, Montréal, mai 2015.

Sambe, Bakary, *Islam et diplomatie : la politique africaine du Maroc*, Editions Marsam, Rabat,   Mai 2010, Réédité en 2011, Editions du Phoenix Press International, (Etats-Unis)

Sambe, Bakary, *L'Europe, la Méditerranée et Le monde arabe au tournant del'époque* »- ifa-Edition Kultur und Außenpolitik-IFA- Culture et Politique extérieure, Berlin, 2012

Sambe Bakary, *Le Maroc au sud du Sahara : une stratégie d'influence au défi des mutations géopolitiques* », in « Maghreb et l'Afrique subsaharienne : convergences et dynamiques" (Ifri/CNRS Editions, 2014

Sambe Bakary, (collectif), *Le Maghreb et son Sud : vers des liens renouvelés*, IFRI-CNRS, 2013, sous dir, Alain Antil et Mansouria Mokhefi

Sambe Bakary, (collectif) : « *l'enseignement de l'arabe et de l'islamau Sénégal : enjeux politiques et incidences sur les rapports avec le monde arabe* », in « *Savoirs et pouvoirs ;* genèse de traditions, traditions réinventées », Maisonneuve et la Rose, 2007-2008

Sambe Bakary, (Collectif), « *L'Europe, la Méditerranée et Le monde arabe au tournant del'époque* »- ifa-Edition Kultur und Außenpolitik- IFA- Culture et Politique extérieure, Berlin, 2012

Sambe Bakary, *Le Sénégal à l'épreuve de la crise sahélienne*, Sahel Research Group Woking papers, Université of Floride, septembre 2014

Sambe Bakary, *Grand angle sur le radicalisme religieux et la menace terroriste au Sénégal*, ISS – Reports- Rapport Paix et sécurité dans l'espace CEDEAO, Mai 2023

Sambe Bakary, *La Crise malienne, origines et répercussions dans le Sahel*, Novembre 2012, Konrad Adenauer Stiftung, International Reports,

Sambe Bakary, Tijaniyya : Usages diplomatiques d'une confrérie soufie », *in* Politique Etrangère – Institut Français des Relations internationales IFRI, Déc. 4/2010

Sarr, Abdou Karim, Al-Târîkh al-siyâsî li-l-islâm fi Sinighâl (L'histoire politique de l'islam au Sénégal),

SeckAbdourahmane, *La question musulmane au Sénégal : Essai d'anthropologie d'une nouvelle modernité*, Paris, Karthala, 2010.

Sy, S. M., *"La laïcité, fondement de l'Etat démocratique. Exigence et limite"*, Ethiopiques, avril 1980, n°22, pp.18-31.

Todd, Emmanuel, *Après l'empire, Essai sur la décomposition du système américain*, Gallimard, 2002, 233p.

Trimingham, J. S.,*The influence of islam upon Africa*, London, Longman, 2nde éd., 1980, 182p.

Villalon, L., *"Charisma and Ethnicity in Political Context : A Case Study in the Establishment of a Senegalese Religious Clientele"*, Africa, 63 (1), 1993, pp. 80-101.

Villalon, L., *"Sufi Rituals as Rallies. Religious Ceremonies in the Politics of Senegalese State-Society Relations"*, Comparative Politics, July 1994, pp. 415-437.

Villalon, L., *Islamic Society and State Power in Senegal. Disciplines ans Citizens in Fatick*, Cambridge, Cambridge University Press, African Studies Series, 80, 1995, XIX + 338p.

Waltz, Kenneth, N, *Theory of International Politics*, New York , Addison Wesley, 1979, 250p.

Travaux universitaires

Ba, Mame-Penda, *L'islamisme au Sénégal (1978-2007),*Thèse de doctorat sous la direction de Philippe Portier, 2007.

Badiane, O., *L'Islam au Sénégal: contribution à l'étude des rapports entre religion et politique,* Mémoire de maîtrise de philosophie, Université de Dakar, 1992, 112p.

Diallo , Barra, *Organisations de bienfaisance islamique,* Mémoire de Maîtrise, Département d'Etudes Arabes, Université Cheikh Anta Diop Dakar, Année 2001.

Diouf, M. H., *Contribution à l'étude des associations islamiques au Sénégal,* mémoire de maîtrise d'arabe, Université de Dakar, 1988, 169p.

Fall, A., *Enseignement et domination coloniale au Sénégal (1910-1939),* mémoire de maîtrise d'histoire, Université de Dakar, 1978,

Gassama, M. L., *Tradition musulmane et société sénégalaise (analyse anthropologique),* mémoire de maîtrise de philosophie, Université de Dakar, 1984, 101p.

Gomez-Perez, M., *Le mouvement réformiste musulman au Sénégal (1953-1960),* D.E.A d'histoire, Université Paris VII, octobre 1991, 66p.

Ka, T., *La place de la langue arabe dans la société sénégalaise,* mémoire de maîtrise d'arabe, Université de Paris IV-Sorbonne, 1978, 122p.

Ka, Thierno., *L'enseignement arabe au Sénégal. L'Ecole de Pir-Saniokhor. Son histoire et son rôle dans la culture arabo-islamique au Sénégal du XVIIème au XXème siècle,* thèse de troisième cycle, Université de Paris IV-Sorbonne, 1982, 409p.

Kane, Ousmane., *Les mouvements islamiques et le champ politique au Nord du Nigéria : le cas du mouvement Izâla à Kano,* thèse de doctorat en science politique, Institut d'études politiques de paris, 1993, 438p.

N'Diaye, P. T., *Les dynamismes politiques au Sénégal 1914-1929. Essai sur les origines du nationalisme africain au Sénégal,* mémoire de maîtrise, Université de Dakar, 1978, 120p.

Ndour, S., *La personnalisation du pouvoir en Afrique Noire dés les indépendances : le cas du Sénégal,* mémoire de maîtrise de philosophie, Université de Dakar, 1986, 128p.

Niane, Seydi Diamil, *Le conflit idéologique entre le wahhabisme et la confrérie Tijāniyya au sud du Sahara : le Sénégal en exemple,* Thèse de doctorat, sous la direction d'Eric Geoffroy, Université de Strasbourg.

Sakho, Ch. S., *Contribution à une meilleure connaissance du phénomène associatif : le cas des jeunes de la région du Cap vert au Sénégal,* mémoire de l'INEP, 1983, 120p.

Samb, Babacar., *Les relations arabo-africaines de 1955 jusqu'aux années 1970,* thèse de troisième cycle d'histoire, Université de Paris VIII, 1983, 498p.

Sambe Bakary , *Les confréries religieuses au Sénégal; affirmation d'un islam noir ?,* Mémoire de maîtrise d'études arabes, Université Lumière Lyon 2, 1996-1997 sous la direction de M-Chérif Ferjani.

Sambe Bakary, *Politisation de formes de religiosités apolitiques, l'exemple des confréries musulmanes au Sénégal,* Mémoire de DEA Science politique, IEP de Lyon, 1997-1998, sous la direction de M-Chérif Ferjani et de Lahouari Addi.

Sambe Bakary, *L'Islam dans les relations arabo-africaines, rôles et usages des confréries et associations islamiques dans les relations entre le Sénégal et des pays du monde arabe* (Thèse de doctorat en science politique sous la direction M-Chérif Ferjani, IEP Lyon, 2003)

Sambe Bakary, *Islam, Négritude et culture arabe : acculturation ou assimilation critique ? in***Géopolitique africaine,** *n°27, juillet-septembre 2007.*

TABLE DES MATIÈRES

Disponible sur www.editions-afrikana.com,

sur www.amazon.com et sur de nombreux autres points de vente.

Montréal - Octobre 2018.

Achevé d'imprimer chez ILP Dakar le 28-12-2018

N° impression : 420 0